"十四五"职业教育国家规划教材

配套教材

电力工程制图与CAD习题集

（第二版）

赵灼辉　杨文瑜　编

李显民　主审

U0657822

中国电力出版社
CHINA ELECTRIC POWER PRESS

内 容 提 要

本习题集为"十四五"职业教育国家规划教材配套教材。

本习题集是根据电力类高职高专的人才培养方案的要求,以电力企业中各岗位的职业能力为本位,以强化应用、培养技能为重点编写的。本习题集以画图、看图能力提高为编写主线,采用了最新制图标准,图形清晰、精美。全书共九章,主要内容包括制图的基本知识与技能、投影基础、立体及其表面交线的投影、组合体、物体常用的表达方法、电气设备上的零件图与装配图、电气工程图、电力安装图等。习题题型丰富,角度新颖,题量充足,寓意深刻,对学生的图学思维的培养和解决实际问题能力的提高有较好的促进作用。

本习题集可作为电力行业职业院校和培训中心非机械类专业制图的教学和培训用书,也可供其他相关专业和工程技术人员使用或参考。

图书在版编目(CIP)数据

电力工程制图与 CAD 习题集/赵灼辉,杨文瑜编. —2 版 . —北京:中国电力出版社,2019.10 (2025.6 重印)

"十三五"职业教育规划教材

ISBN 978 - 7 - 5198 - 3870 - 6

Ⅰ. 电...　Ⅱ.①赵...②杨...　Ⅲ. 电力工程－工程制图－AutoCAD 软件－职业教育－习题集　Ⅳ. TM02 - 39

中国版本图书馆 CIP 数据核字(2019)第 252607 号

中国电力出版社出版、发行　　　　　　　北京雁林吉兆印刷有限公司印刷　　　　　　各地新华书店经售

(北京市东城区北京站西街 19 号　100005　http://www.cepp.sgcc.com.cn)

2007 年 9 月第一版　2019 年 10 月第二版　　　　2025 年 6 月北京第二十二次印刷

787 毫米×1092 毫米　横 16 开本　　22 印张　　262 千字　　　　　　　　　定价 46.00 元

前　言

　　本习题集是根据教育部最新制定的《高职高专工程制图课程教学基本要求》和电力类高职高专人才培养方案的要求，以电力企业中各岗位的职业能力为本位，以强化实践应用、培养实际技能为重点，并结合多年高职高专制图教学改革的实际工作经验编写而成的。可与赵灼辉主编的"十四五"职业教育国家规划教材《电力工程制图与CAD（第二版）》配套使用，本习题集在编写思想、内容体系、章节编排上与配套教材完全一致。

　　本习题集以画图、看图能力的训练为编写主线，坚持以识图为主，以画促识的指导原则，从基本的投影知识到点、线、面、基本体、组合体的投影等，将画图与读图的练习有机地融会在一起，两者相辅相成，相互促进。通过层次递进的习题逐步引导学生掌握画图和读图的基本方法，并逐步形成技能。

　　本习题集在每章习题之首开辟了"作业指导"栏目，对本章应掌握的基本知识点进行梳理，对本章学习中的重难点内容进行点拨和剖析，能使学生在做题时得到具体的指导，从而促进本课程的学习。需要注意的是"作业指导"是以整章内容来进行叙述的，读者在学习的过程中可以"课前先预习、课中再细读、课后多复习"，通过反复的理解和练习，加深知识的理会，理清思路，使课程零散的知识点能融会贯通、灵活运用。

　　本书将计算机绘图的练习也融于各章习题集中，大大减少了上机作图的次数，适当增加了徒手绘图的练习，以提高绘制草图的能力，符合当前实际工作的需要。

　　本习题集由四川电力职业技术学院赵灼辉、杨文瑜合编。赵灼辉编写全书"作业指导"并负责统稿工作。本习题集由山西电力职业技术学院李显民老师审阅，并提出了许多宝贵意见，谨在此表示感谢。

　　限于编者水平，书中的疏漏与不足之处在所难免，欢迎各位读者不吝赐教。

编者

2019 年 5 月

目　　录

第一章　制图的基本知识

作业指导

一、本章应掌握知识点

本章主要介绍了四部分的内容，它们是识绘工程图样时必须了解、熟悉和掌握的基本知识。

(1) 初步掌握现行国家制图标准的相关内容（图纸幅面、格式、比例、字体、图线和尺寸注法的基本规定，理解国家标准在绘图、看图中的重要性并逐步养成自觉遵守"国标"的习惯。

(2) 正确熟练地使用绘图工具和仪器。在学习中需要学练结合，逐步达到熟练掌握。

(3) 掌握平面图形分析方法和作图技巧。

(4) 徒手绘图。

二、本章重点和难点提示

1. 平面图形分析

画平面图形时，首先应对图形中的尺寸、线段的性质进行分析，然后再确定绘图的顺序和方法。

(1) 平面图形的尺寸分析：可将其按作用分为定形尺寸和定位尺寸。标注尺寸的起点称为尺寸基准。

(2) 平面图形的线段分析：图中的线段按其所给的尺寸是否齐全可分为已知线段、中间线段和连接线段三种。

2. 平面图形的绘图方法

(1) 理解几何作图的原理：等分作图的方法、圆弧连接作图中连接弧的圆心和切点的求作方法。

(2) 绘图的基本思路：作图时应先画已知线段，再画中间线段，最后画连接线段。

3. 绘图的方法和步骤

(1) 画图前的准备工作。

(2) 绘制底稿。

(3) 检查。

(4) 加深并标注尺寸、填写标题栏。

要深刻理解每一步骤的必要性，细心体会注意事项，自觉养成按正确步骤绘制图样的习惯，培养认真细致的工作作风。

4. 徒手画图要领

徒手画图是工程技术人员应尽早掌握的基本技能，其要领是：手应该握在笔尖上 2cm 的位置，绘图时不要将笔捏得太紧，眼睛看线条预期的终点，手的移动要平稳、准确，手眼相互协调合作，这需要在学习中多利用一些零星时间来"练手"，方能逐步熟练。

机 械 制 图 螺 纹 齿 轮 旋 转 零 件 图 公 差 装 配 断 面 测 量

字 体 工 正 笔 画 清 楚 间 隔 均 匀 排 列 整 齐 标 注 点 截 交

1234567890 ABCDEFGHI JKMNPQRSTUVWXYZ

班级　　　　学号　　　　姓名　　　2

机械制图比例材料零件装配轴键销齿轮螺纹精度等级模数座体偏差

轴承沉孔水泵支架箱体距离直径角度投影端斜铅笔垂紧视审核中心

斜度深沉最大小球厚直网均布水平镀抛光研视图向旋转展形体分析规律举离组合位置

1.1 制图的基本标准——线型练习

(1) 完成图形中左右对称的图线。

(2) 过等分点照画图线的平行线。

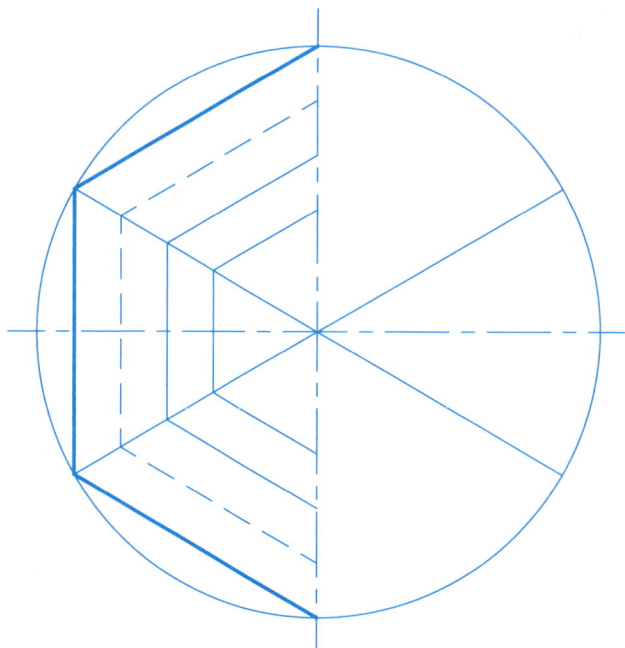

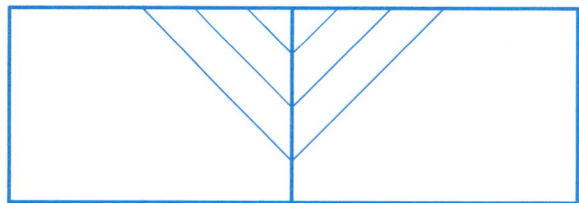

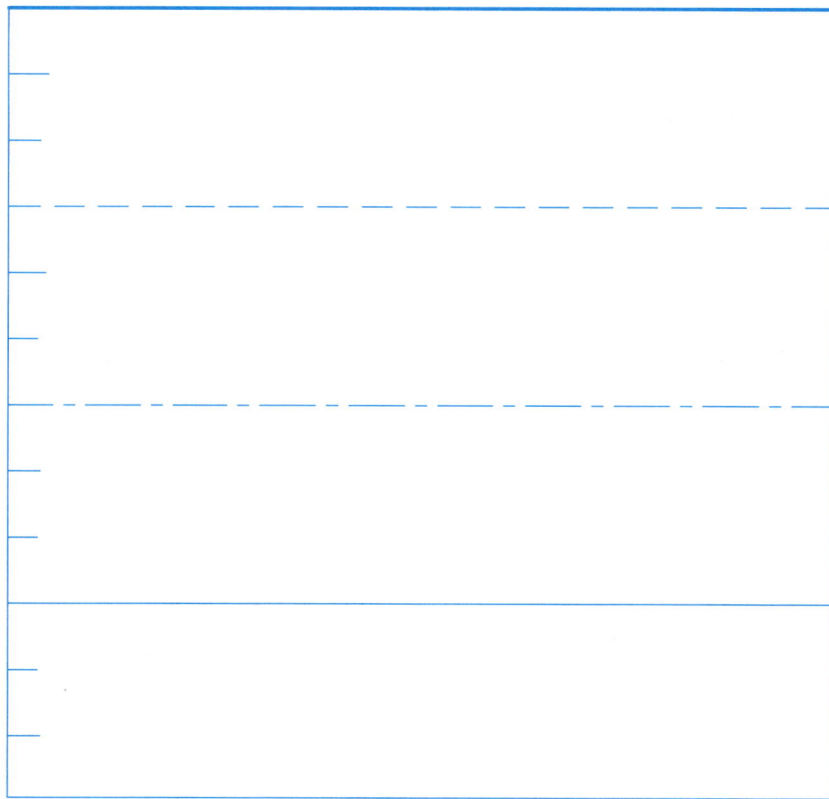

班级　　　　　学号　　　　　姓名　　　　　4

1.1 制图的基本标准——尺寸标注练习一

填写图中尺寸数字和未画箭头(绘图比例1：1)。

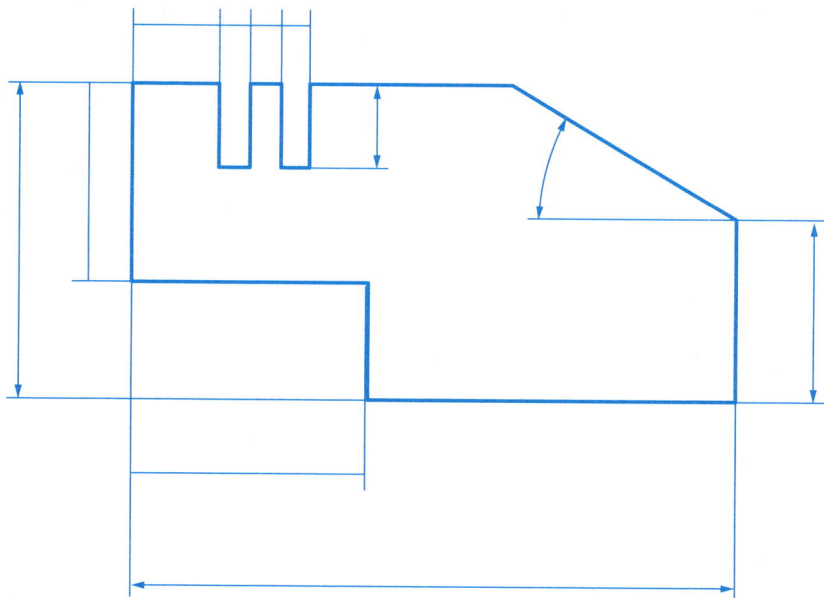

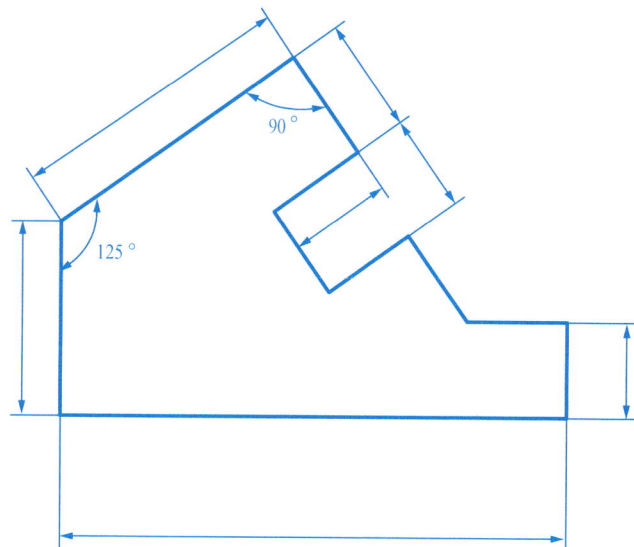

1.1 制图的基本标准——尺寸标注练习二

分析尺寸标注中的错误（打"×"）并在右图中进行正确的尺寸标注。

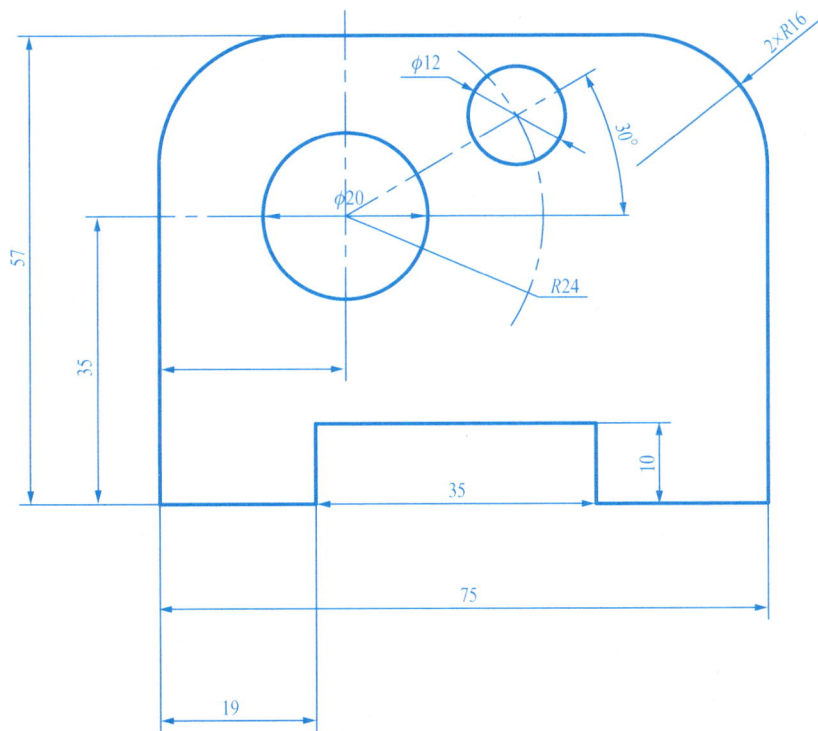

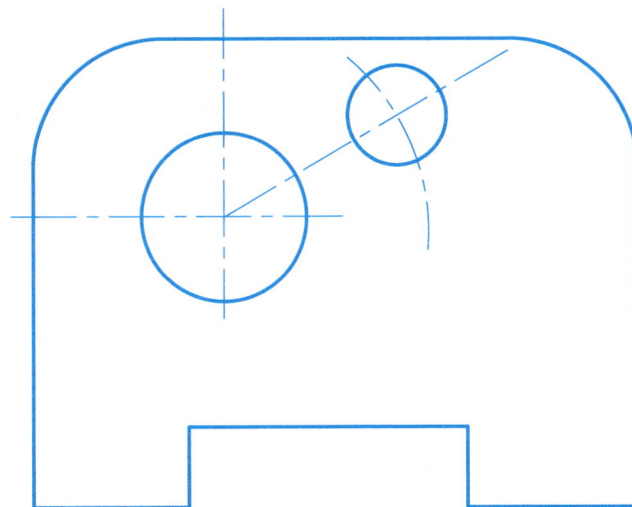

1.1 制图的基本标准——尺寸标注练习三

标注下列典型结构的尺寸（尺寸从图中1∶1量取并取整）。

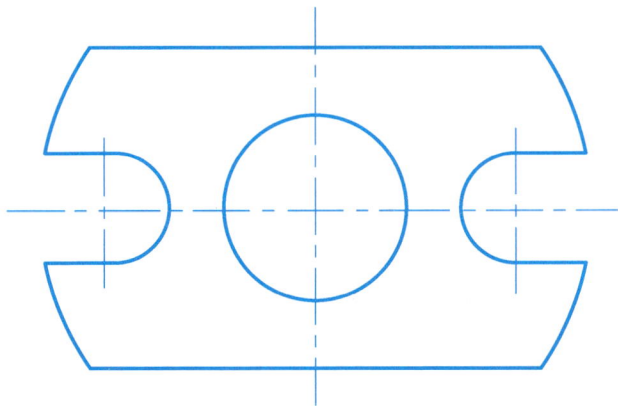

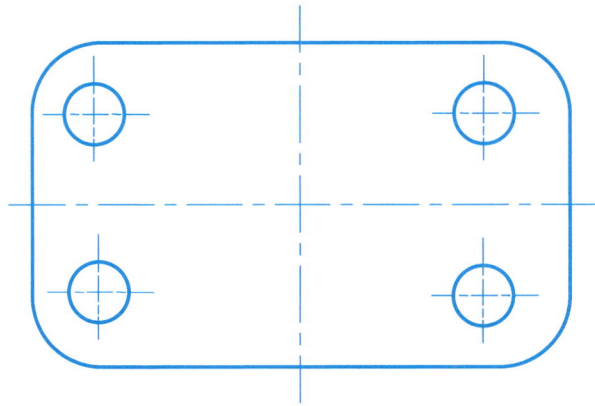

1.2　几何作图——几何作图练习一

(1) 作圆内接正五边形和正六边形。

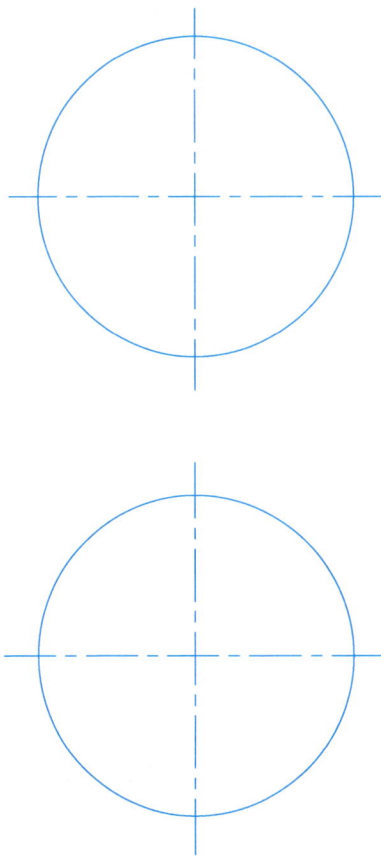

(2) 按图完成下面图形（保留作图过程线），并标注斜度和锥度。

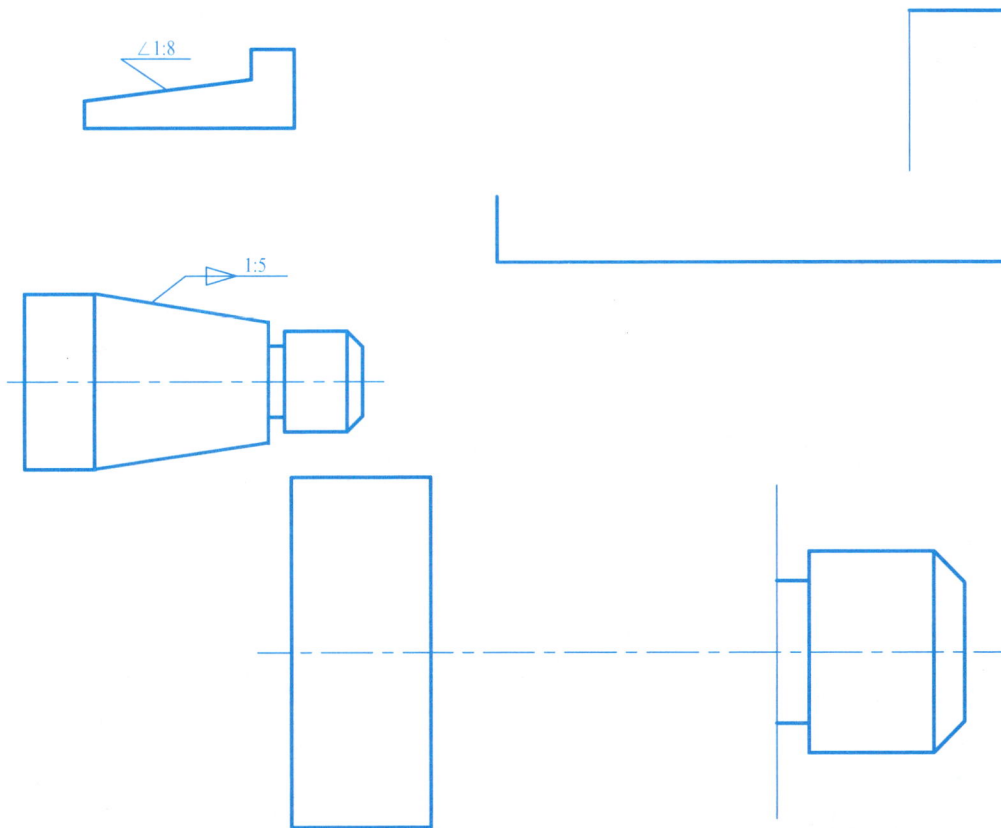

∠1:8

1:5

完成下列图形的线段连接（比例1∶1），保留作图线。

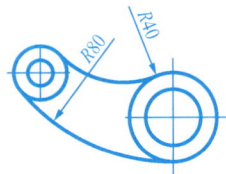

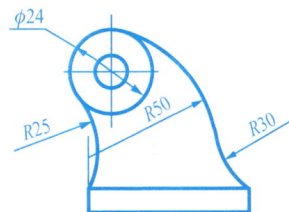

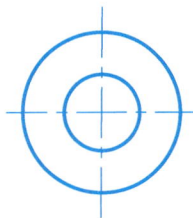

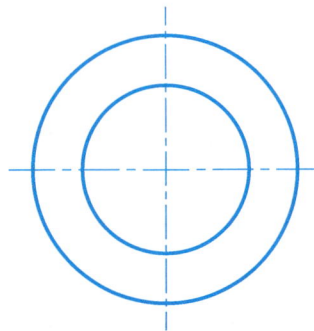

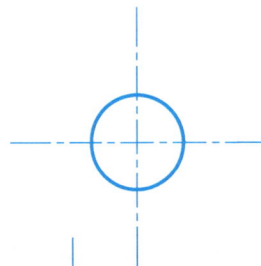

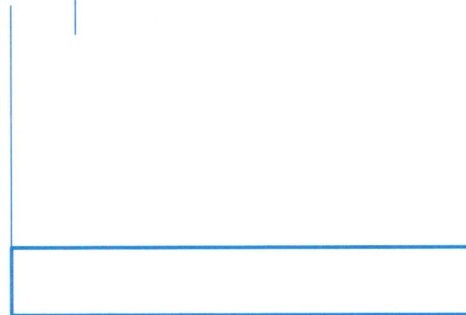

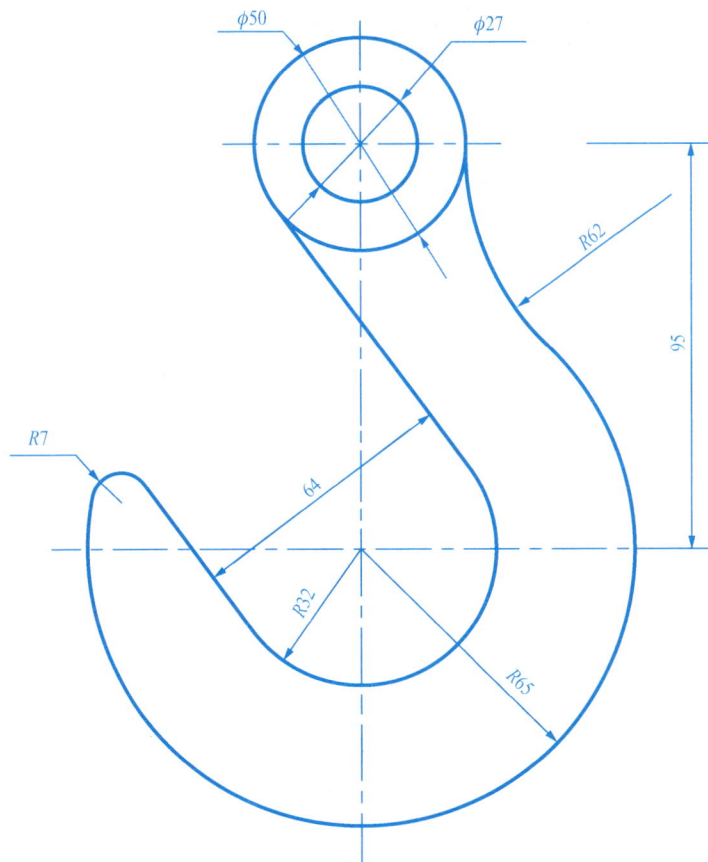

画图要求:

(1) 用 A4 图纸,自己选定绘图比例,图纸竖放。

(2) 在布置图形时,应考虑标注尺寸的位置。

(3) 画底稿时,作图线应轻而准确,并应找出连接弧的圆心及切点。

(4) 加深时必须细心,按"先粗后细,先曲后直,先水平后垂直、倾斜"的顺序绘制,应做到同类图线规格一致,线段连接光滑。

(5) 箭头应符合规定,并且大小一致。

(6) 不要漏注尺寸或漏画箭头。

(7) 用标准字体填写尺寸数字及标题栏。

(8) 保持图面清洁。

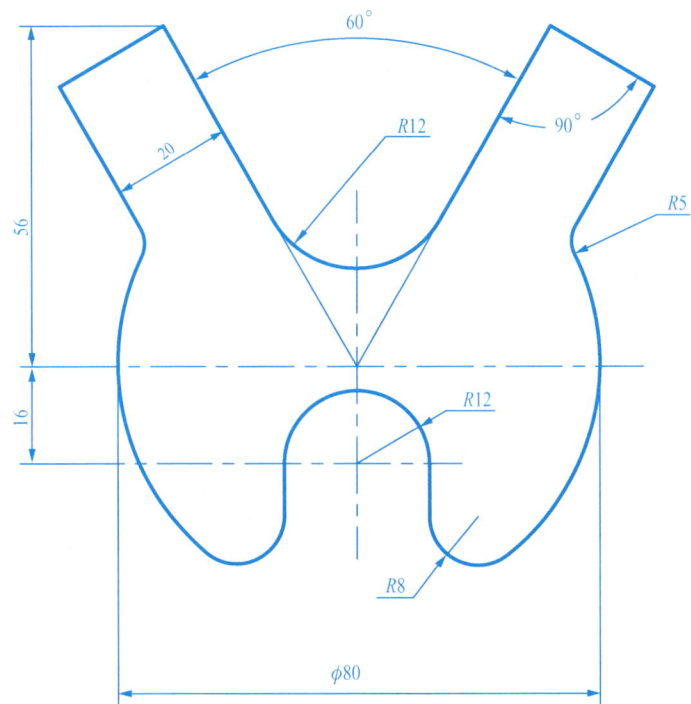

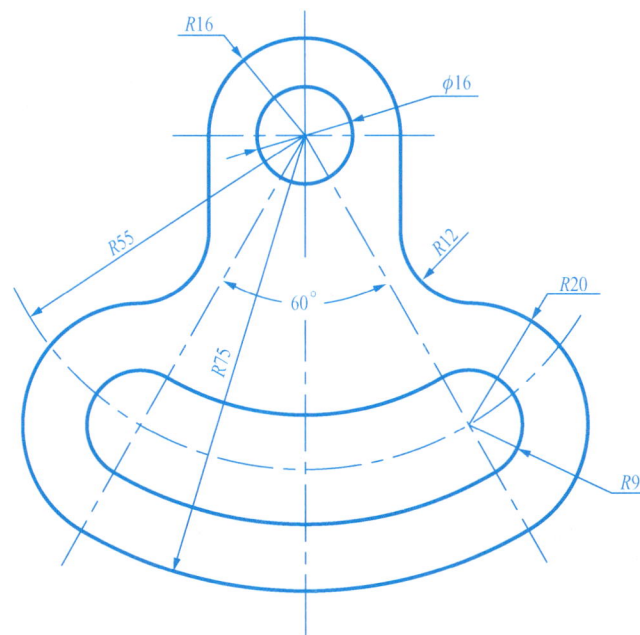

徒手画出下列图形，比例1:1。

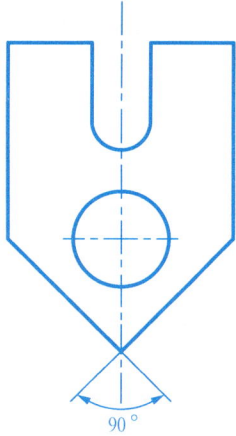

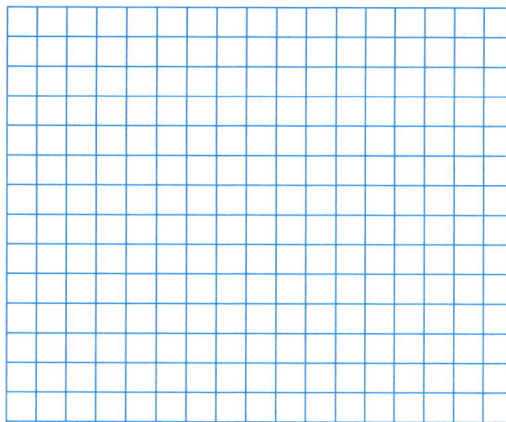

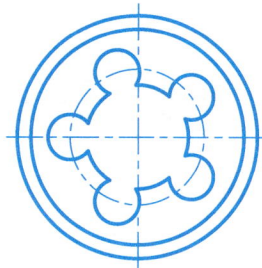

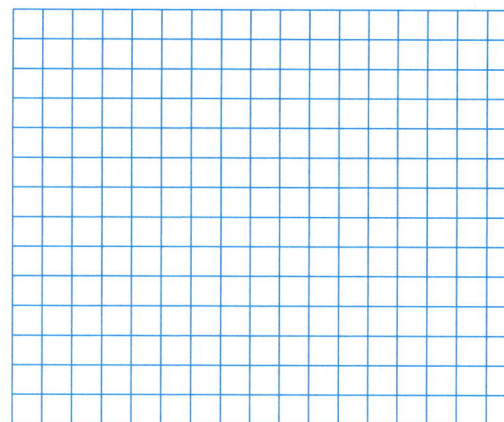

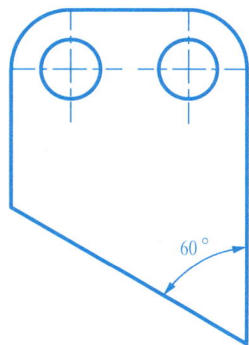

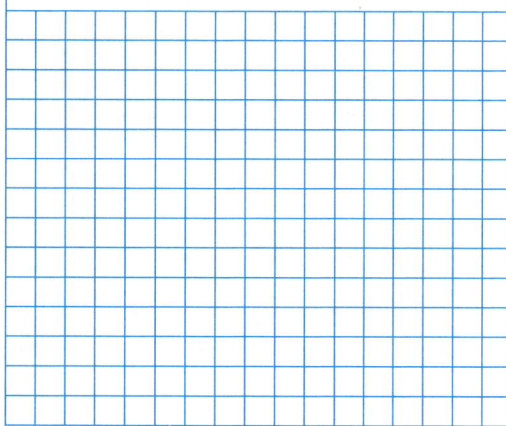

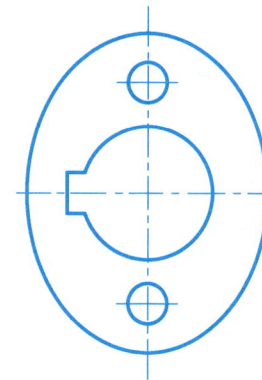

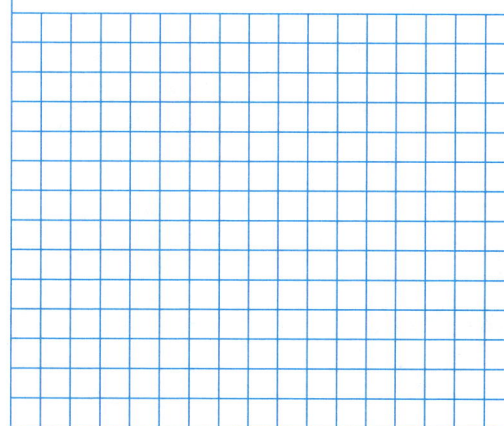

90°

60°

第二章　计算机绘图基础

作业指导

一、本章应掌握知识点

(1) 掌握 AutoCAD 绘图环境设置，绘制符合国家标准的工程图样。

(2) 掌握常用绘图命令。

(3) 掌握常用编辑命令。

二、本章重点和难点提示

(1) AutoCAD 绘图环境的设置包括：确定绘图单位，选图幅，设置辅助绘图工具模式，设线型比例，建图层、设线型与颜色，创建两种文字样式，画图框、标题栏等。

应注意：图层、字体、图幅等的设置应符合国家有关制图规范的要求。

(2) 基本绘图命令：

1) 线段是二维平面图形中使用最频繁的基本对象，AutoCAD 中可创建的直线包括 Line（直线）、Ray（射线）、Xline（构造线）、Multiple（多线），绘制直线可通过输入端点的绝对坐标、相对坐标或捕捉某种类型的特殊点，以及利用极轴追踪捕捉来进行。

2) pline 绘制的多义线与前面直线（line）的绘制有相同之处，也有其特有的性质：①pline 命令连续绘制的直线被视为一个图形即一个对象来处理；②用 pline 绘制的图形可以随时改变其线宽；③用 pline 绘制的图形中既可包含直线段，亦可包括弧线，非常灵活；④line 可经多义线编辑转化为多义线，首尾相接的线条可连结成一条多义线，以便于图形的编辑。

3) 用圆周［切点、切点、半径 TTR］子命令画圆弧连接适用任何圆弧连接情况，但选择切点时应点击真实切点的大概位置，用圆角命令画圆弧连接对内切两已知圆或圆弧的情况不适用。

(3) 绘图时应多采用作图的辅助工具来帮助作图，可以有效提高作图的速度。例如：利用对象追踪来辅助绘图，图形之间的长对正、高平齐、宽相等很容易实现而且操作简单方便。

(4) 在编辑命令中，Copy、Move、Erase 是最常用的命令，贯穿于任何一种图形，应该较好掌握。熟练掌握图形编辑命令 Offset、Mirror、Array，能大大提高 CAD 绘图速度，图形更准确。

(5) 用 AutoCAD 绘图也应确立好的作图思路和方法，并在多次的操作实践中总结经验和作图技巧。

2.1 计算机绘图基础知识
2.2 AutoCAD 2007 的绘图环境设置

1. 练习 AutoCAD 的启动与退出

(1) 练习 AutoCAD 的启动与退出的方法、步骤。

(2) 熟悉 AutoCAD 2007 的工作界面及命令、菜单、工具按钮等多种操作方式。

(3) 练习新图形文件的创建、打开和退出的方法步骤。

(4) 初步熟悉绝对坐标、相对坐标概念，掌握相对坐标输入方法。

2. 练习 AutoCAD 2007 基本绘图环境设置

(1) 学会根据国家标准的规定和绘图需要设置绘图环境。

(2) 熟练掌握屏幕的显示控制命令。

(3) 初步建立图层、线型设置的概念。

3. 按照国家制图标准的规定绘制 A3、A4 的图框、标题栏

(1) 用"单位控制"对话框确定绘图单位。要求长度、角度单位均为十进制，小数点后的位数保留 2 位，角度 0 位。

(2) 用 Limits 命令设置图形界限。A3 图幅为 $420 \times 297mm$，A4 图幅为 $297 \times 210mm$。

(3) 用"草图设置"对话框，设置常用的绘图工具模式。设栅格间距为 10，栅格捕捉间距为 10；打开正交、栅格、栅格捕捉。

(4) 用"直线（Line）""偏移（Offset）"命令绘制图框、标题栏。绘制时采用国家技术制图标准规定的装订格式。格式见教材，图幅线用细实线，沿栅格外边沿绘制，图框线用粗实线，标题栏采用练习用标题栏，标题栏分格线均是细实线，外边线为粗实线。应注意：图中所示粗实线必须画在"粗实线"图层，细实线必须画在"细实线"图层。

(5) 屏幕的显示控制练习。用 Zoom 命令使 A3、A4 图幅全屏显示。分别用实时平移（Pan）、实施缩放、窗口缩放（Zoom Windows）、缩放上一个（Zoom Previous）、鸟瞰视图（Dsviewer）观察所画的图形。

2.3　AutoCAD 2007 的基本绘图命令

用 1：1 比例绘制 A3 图框及其标题栏并抄绘下图。

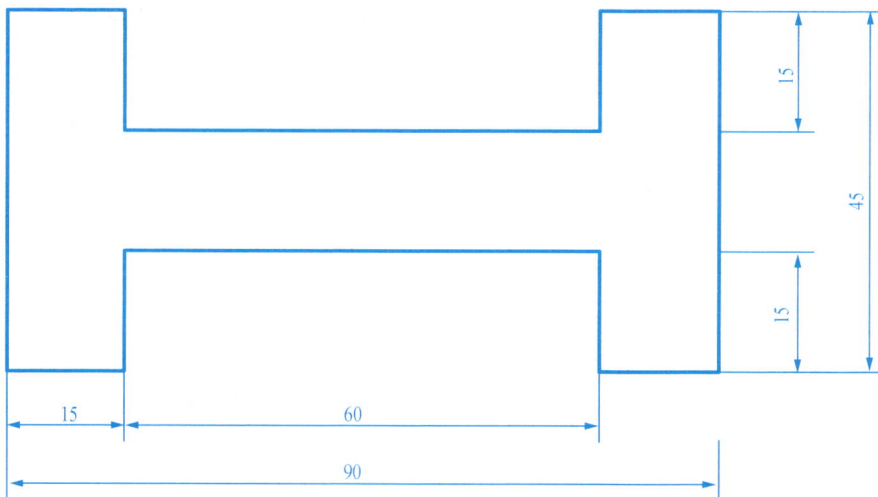

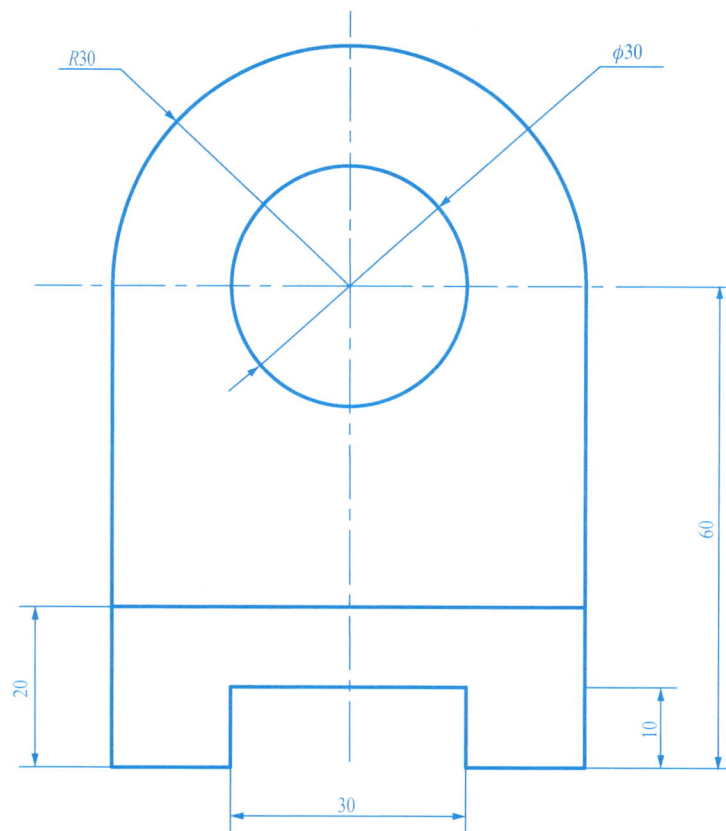

用 1∶1 比例绘制 A3 图框及其标题栏并抄绘下图。

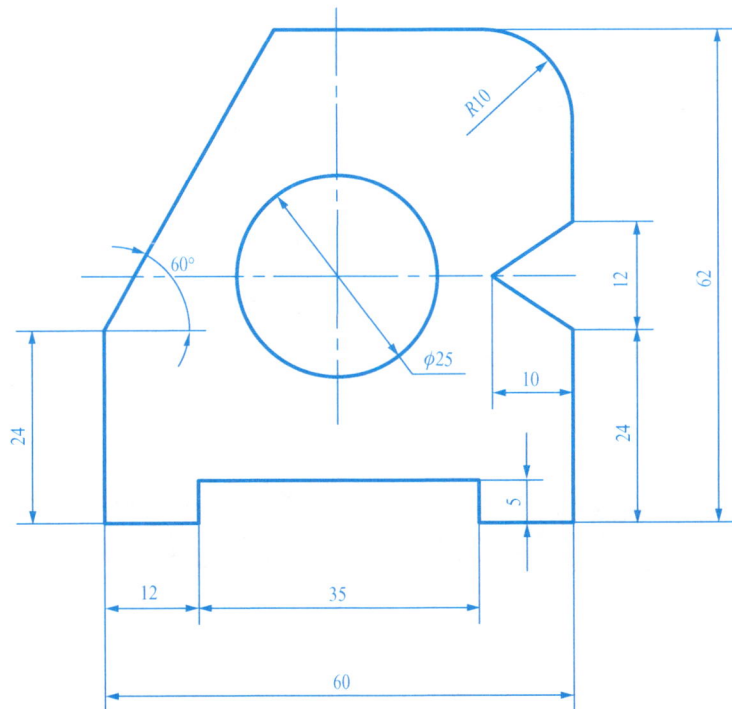

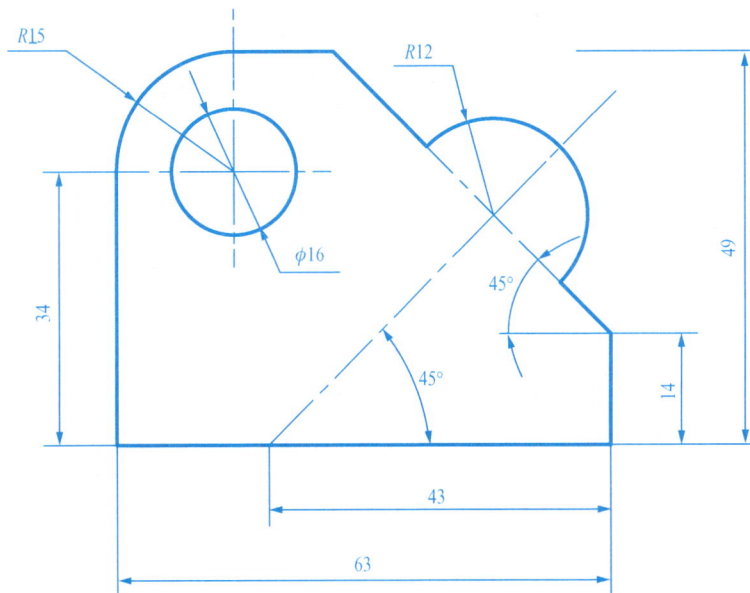

2.4 AutoCAD 2007 的基本编辑命令

用 1∶1 比例绘制 A3 图框及其标题栏并抄绘下图。

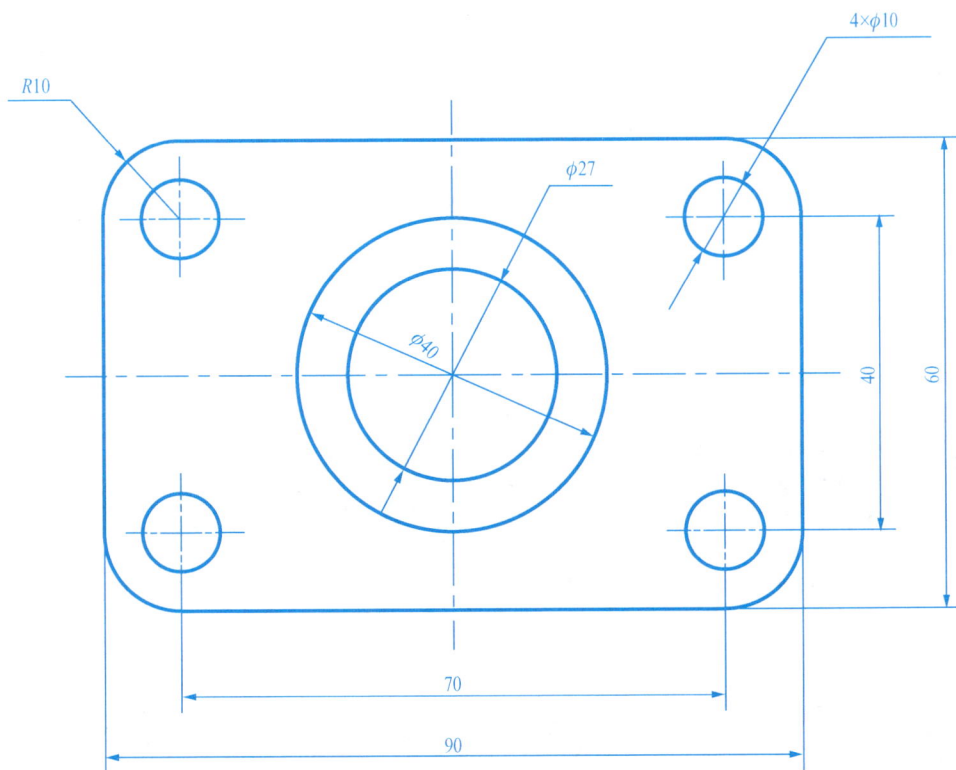

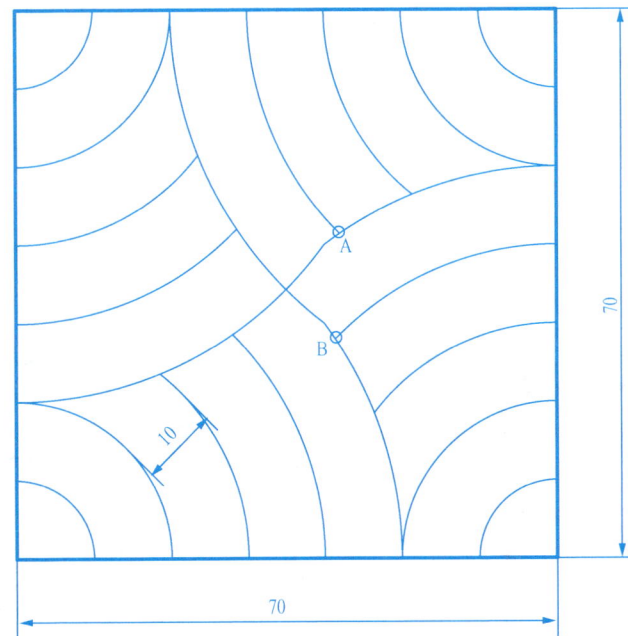

4×φ10

R10

φ27

φ40

40

60

70

90

70

70

10

A

B

A(B)点是两大弧的交点

2.4 AutoCAD 2007 的基本编辑命令

用 1∶1 比例绘制 A3 图框及其标题栏并抄绘下图。

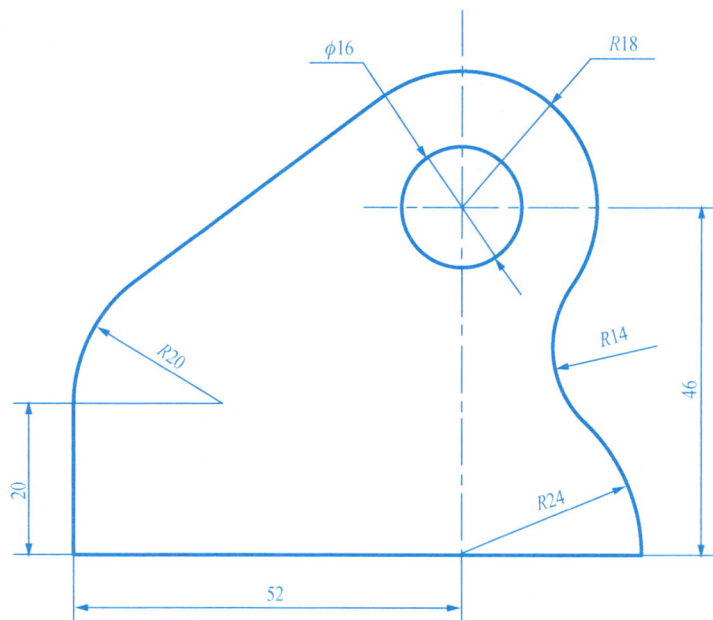

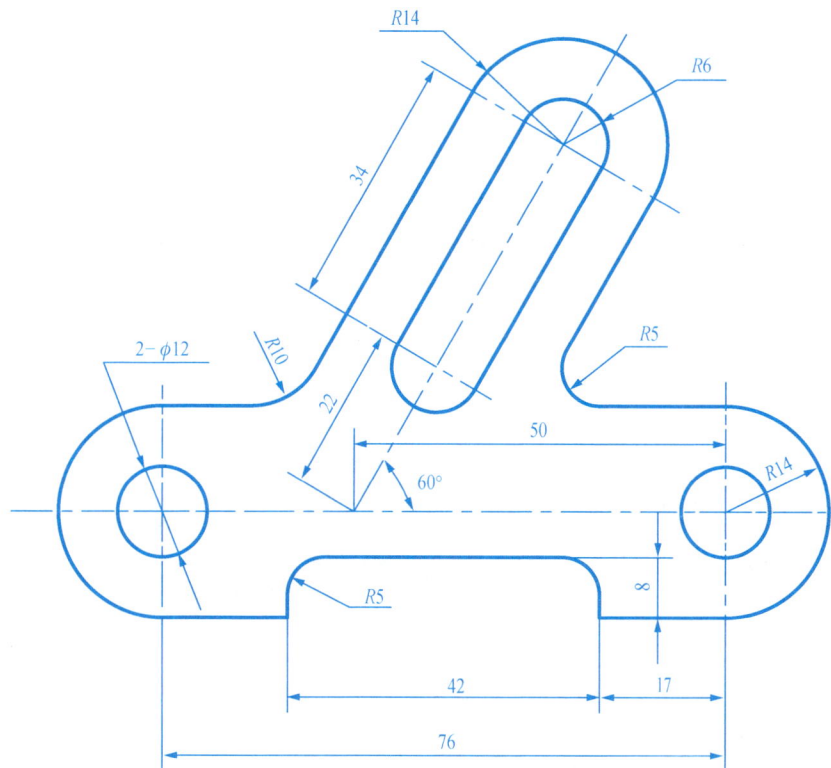

2.4 AutoCAD 2007 的基本编辑命令

用 1:1 比例绘制 A3 图框及其标题栏并抄绘下图。

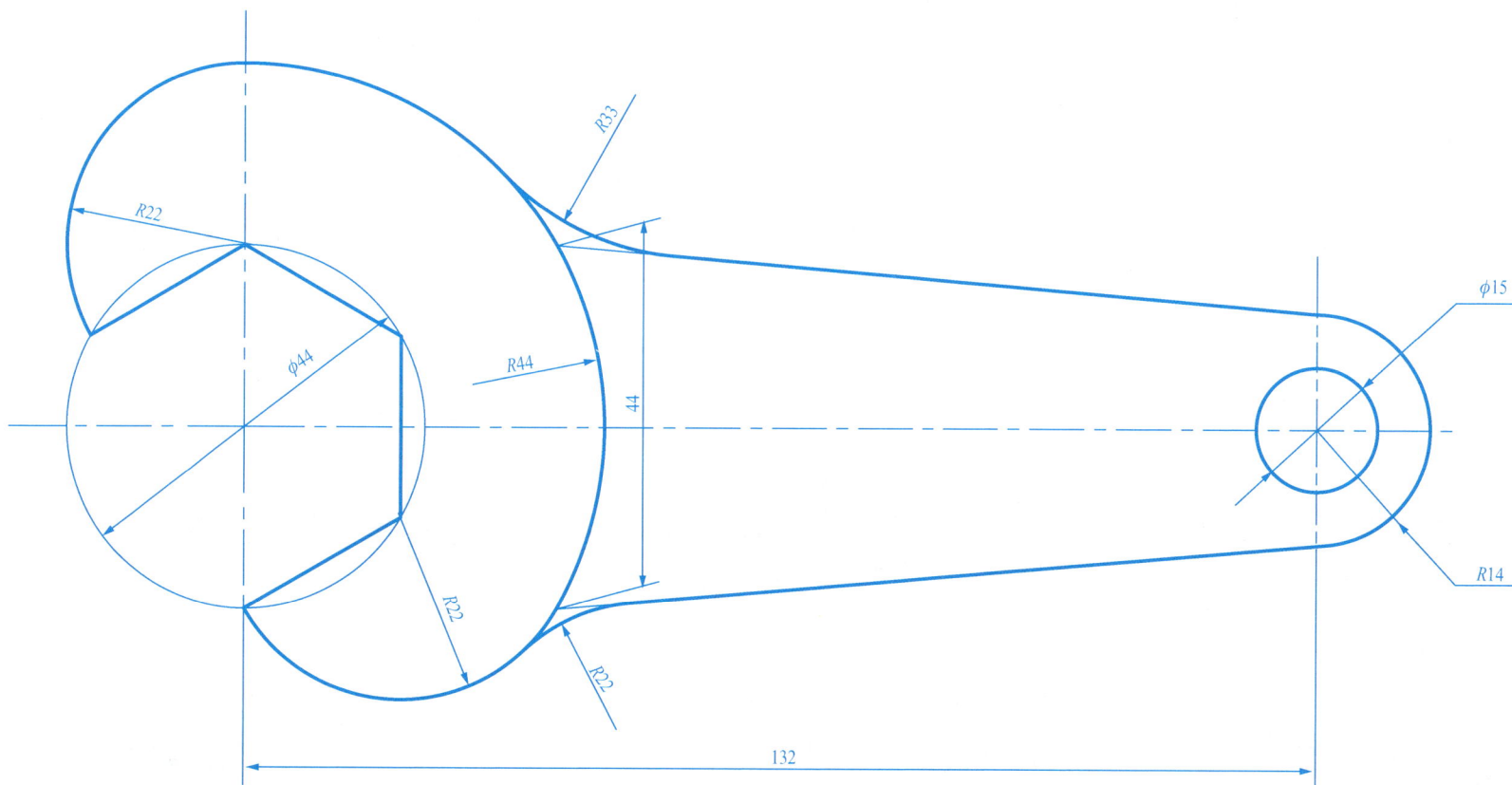

班级   学号   姓名   19

2.4 AutoCAD 2007 的基本编辑命令

用 1∶1 比例绘制 A3 图框及其标题栏并抄绘下图。

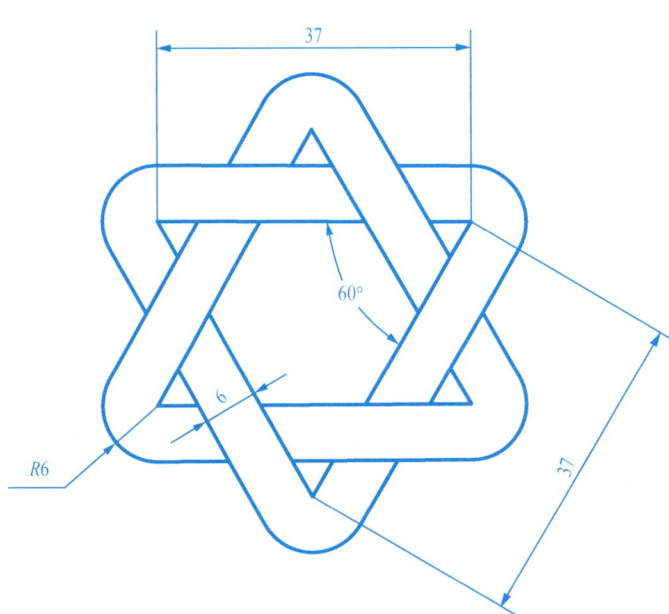

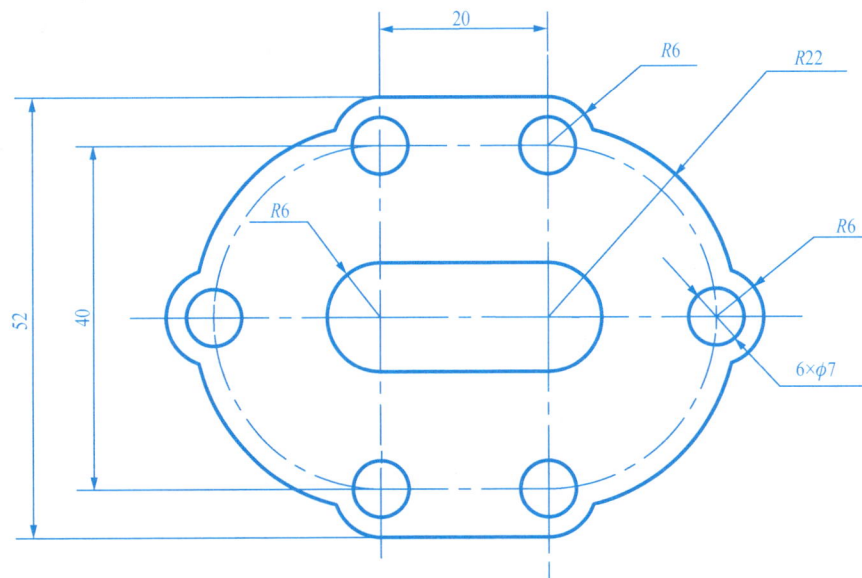

2.4 AutoCAD 2007 的基本编辑命令

用 1∶1 比例绘制 A3 图框及其标题栏并抄绘下图。

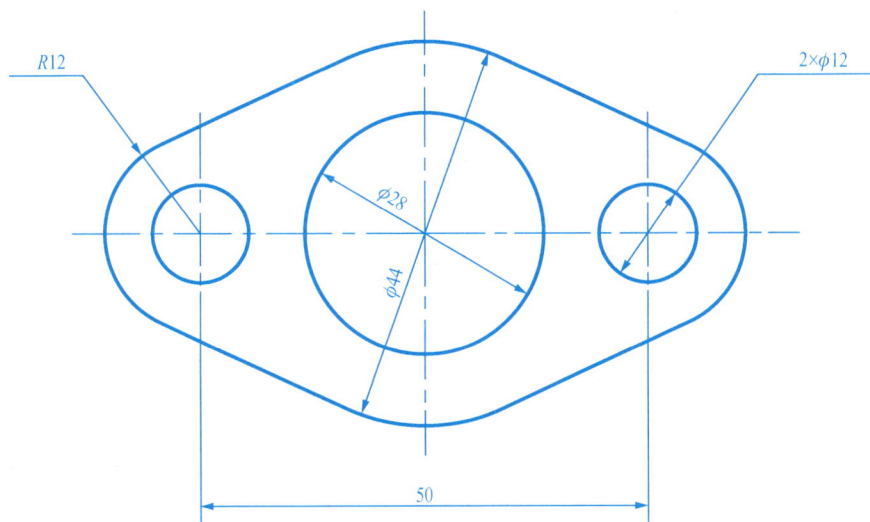

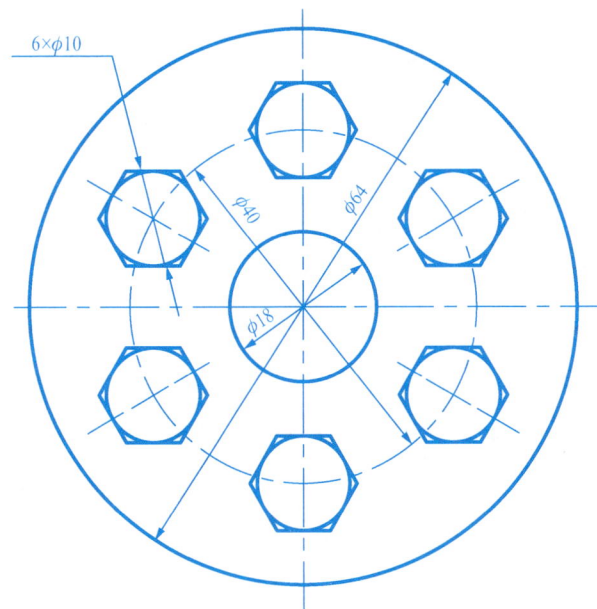

R12

$2\times\phi12$

$\phi28$

$\phi44$

50

$6\times\phi10$

$\phi40$

$\phi64$

$\phi18$

用 1∶1 比例绘制 A3 图框及其标题栏并抄绘下图。

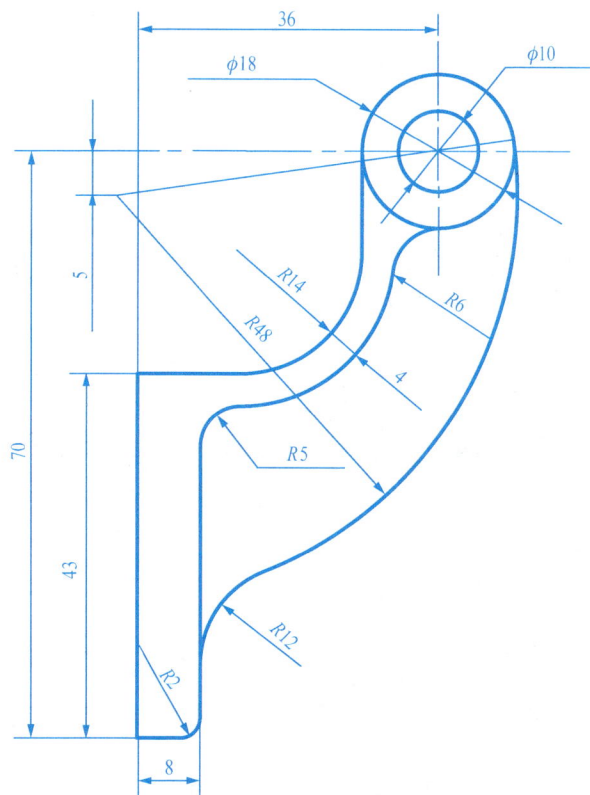

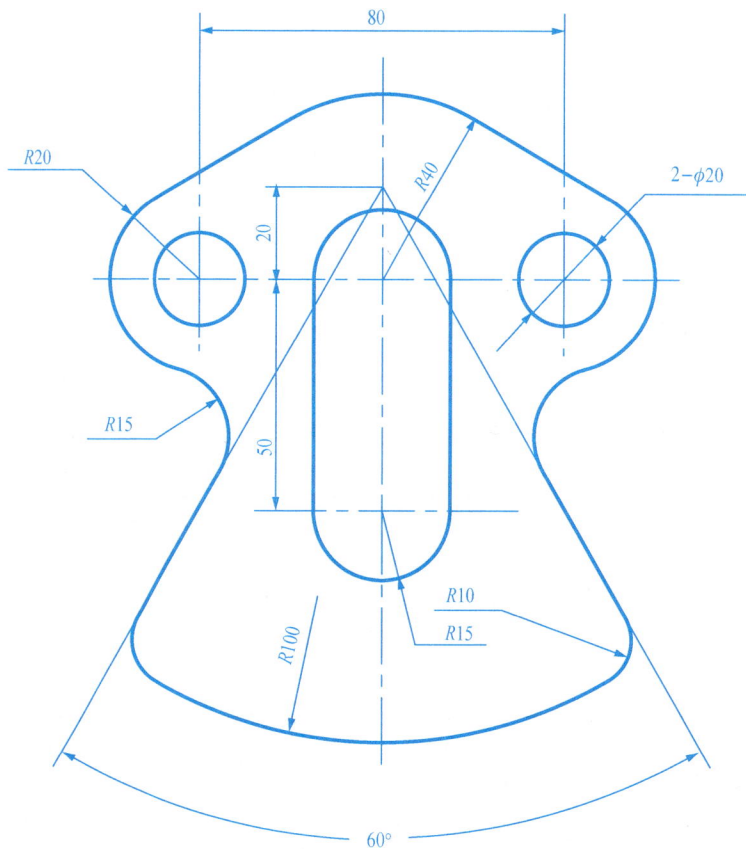

2.4 AutoCAD 2007 的基本编辑命令

指明下图各线段所属类型（已知线段、中间线段、连接线段），并用 A3 图幅 1∶1 比例抄绘下图。

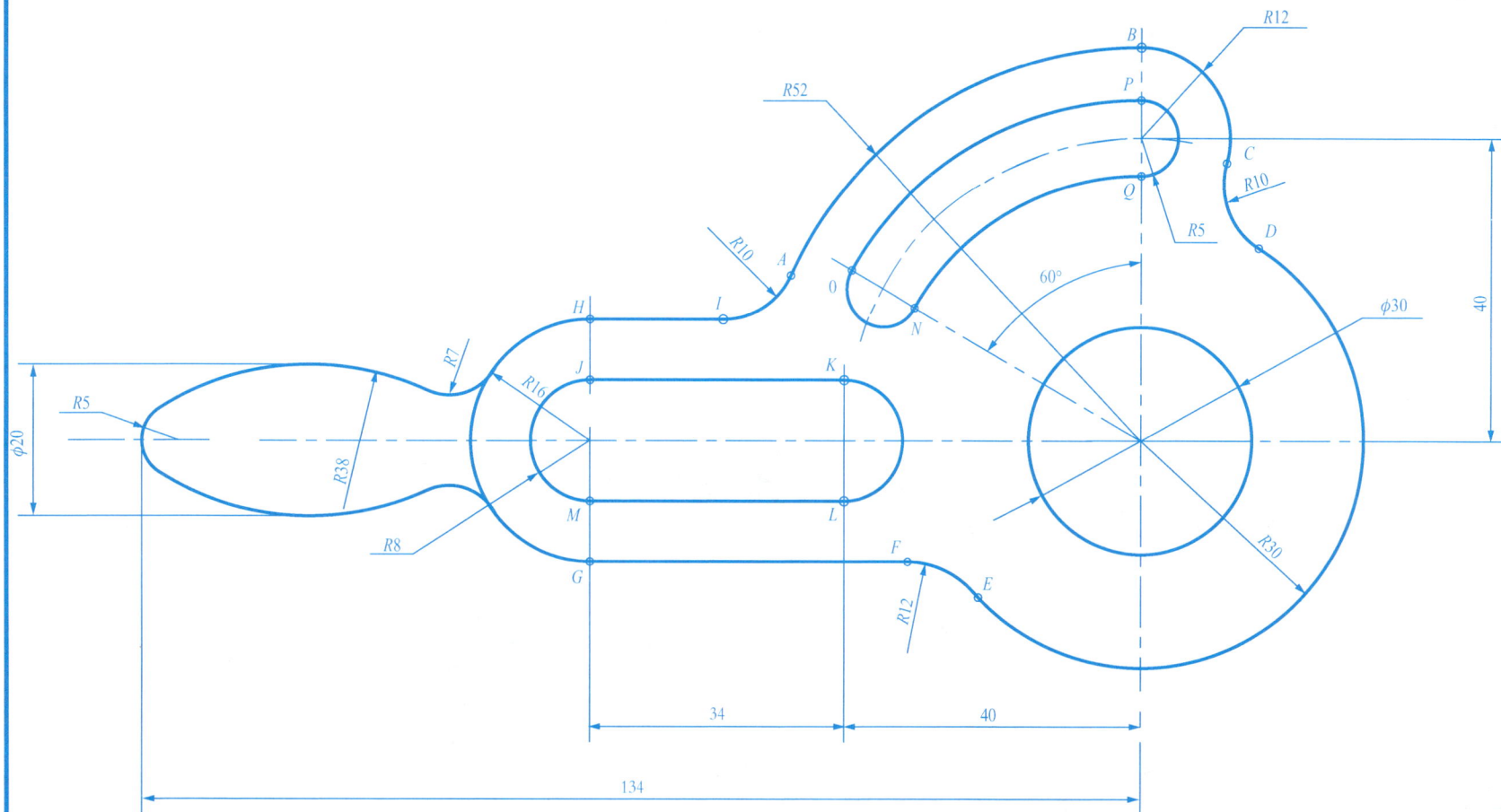

班级　　　　　　　　学号　　　　　　　　姓名　　　　　　　　23

2.4 AutoCAD 2007 的基本编辑命令

用 1∶1 比例绘制 A3 图框及其标题栏并抄绘下图。

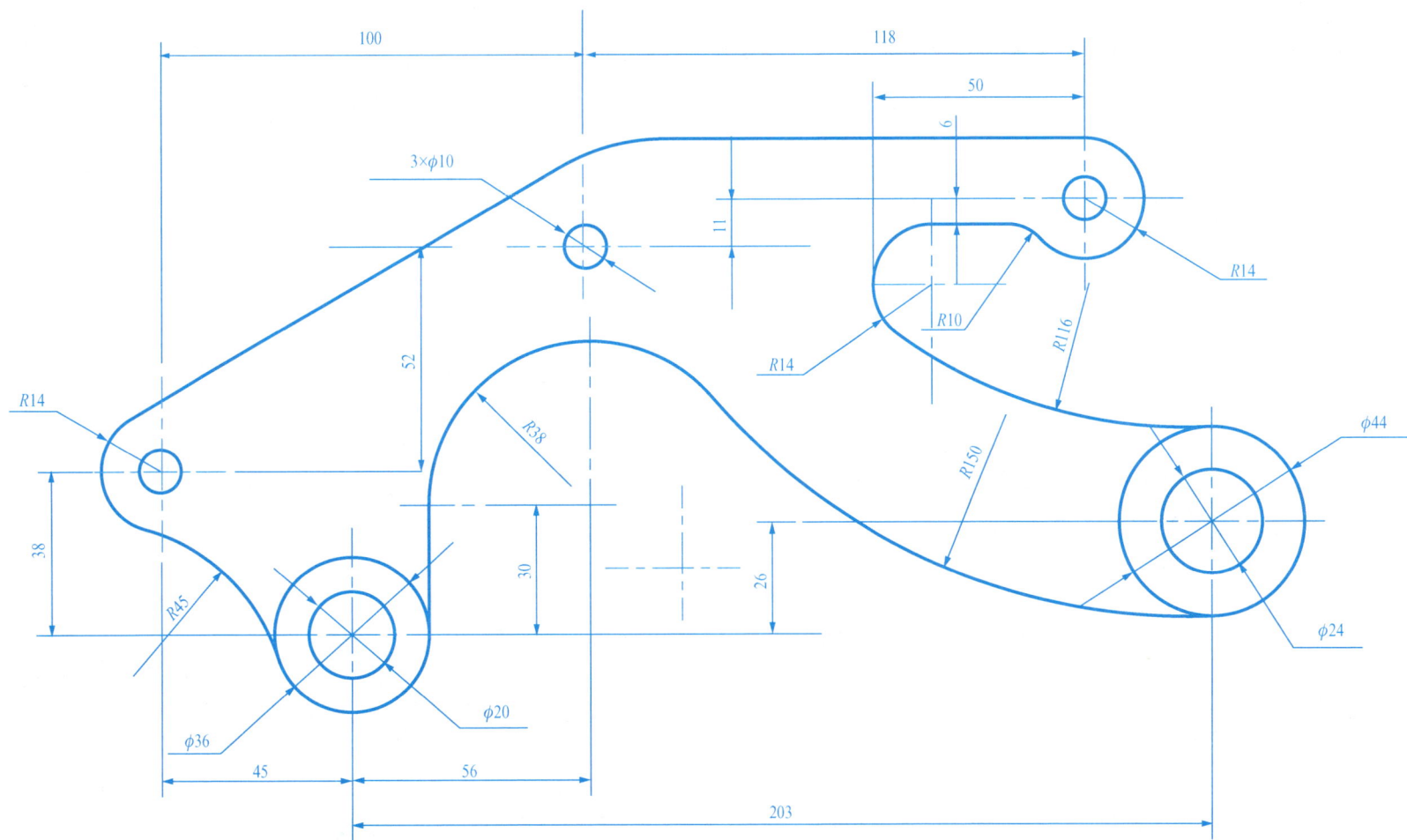

第三章　投影基础

作业指导

一、本章应掌握知识点

本章为工程制图的理论基础，在制图课的教学中占有及其重要的地位。

(1) 了解投影法的基本概念，掌握正投影的基本特性。

(2) 理解正投影法采用多面视图的必要性，掌握三视图的投影规律和作图方法。

(3) 通过点、线、面的学习，初步建立空间概念，培养空间想象能力。

二、本章重点难点提示

(1) 在理解正投影的基本特性时，可使用铅笔、三角板等实物模拟出各种位置的直线和平面的投影，加深对显实性、积聚性和类似性的理解。

(2) 三视图是实现"物——图"转换的理论基础，学习过程中切忌死记硬背，而重在理解和建立形象思维。特别在作图中要深刻理解三视图的投影规律（长对正、高平齐、宽相等），它是绘图和识图的最基本的规律。

1) 三视图的形成过程。要特别注意，投影是在空间进行的（物体按正投影法向三个投影面投影），三视图是将三个投影面展开摊平后得到的。要熟记投影面、投影轴的名称和代号。

2) 三视图之间的对应关系。可用硬纸板摺成三投影面体系，并画出一物体的三视图，理解三个视图之间存在的"位置关系"，即俯视图在主视图正下方，左视图在主视图正右方。搞清三视图之间存在的"三等"关系，即主、俯视图长对正，主、左视图高平齐，俯、左视图宽相等。并弄清楚图与物之间的"方位关系"，即主视图反映物体的上下和左右，左视图反映物体的上下和前、后，俯视图反映物体的左右和前后，其中"宽反映前后"容易弄混，在作图中应对照实物与投影图多加理解。

3) 三视图的绘图步骤。长对正、高平齐易于掌握，而宽相等在初学时往往出现错误，所以要特别注意。

(3) 点、直线、平面的投影。本节内容的学习中"点的投影"是基础和关键，而点在坐标和方位关系的理解是难点，它与"三视图的方位关系"一脉相承，在学习中应注意通过两点三个方向的坐标差来理解两点的相对方位。在直线、平面具体的作图应把握以下两点：

1) 掌握各种位置直线、平面的投影特性，其熟练程度应达到：①能迅速画出各种位置直线、平面的三面视图，并总结出投影特性；②根据各种位置直线、平面的投影图，应立即在脑海中能反映出线、面的空间位置和形态。

2) 掌握平面上直线和点的求作。在平面上取点，必须先在平面上取线，再在该线上取点；而在平面上取线，又必须先根据平面上的已知点来作图，掌握了这种作图的思路和方法，不但解决了面上取点、线的问题，对后续在求作立体表面的交线也大有益处。

3.1 投影法与三视图

参照轴测图，补画视图中所缺的图线。

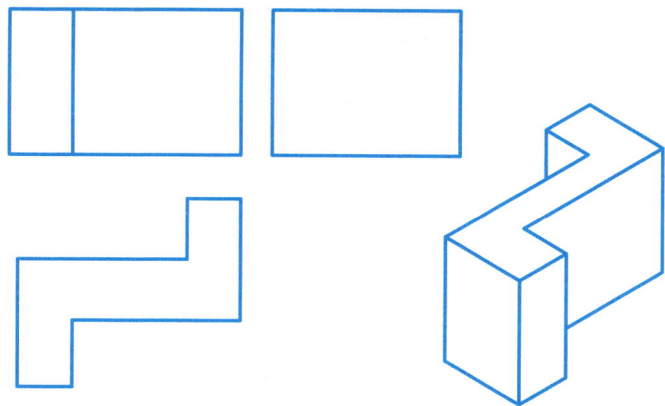

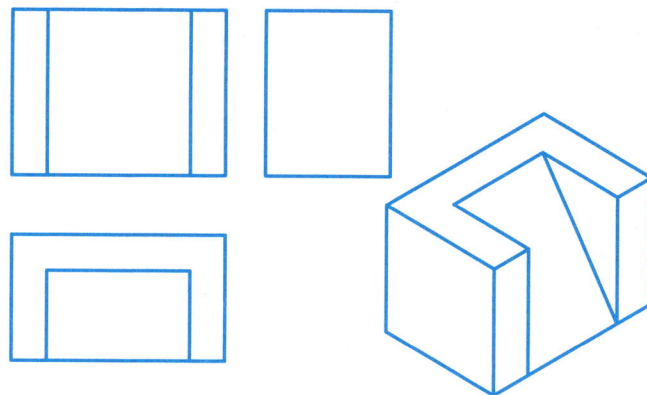

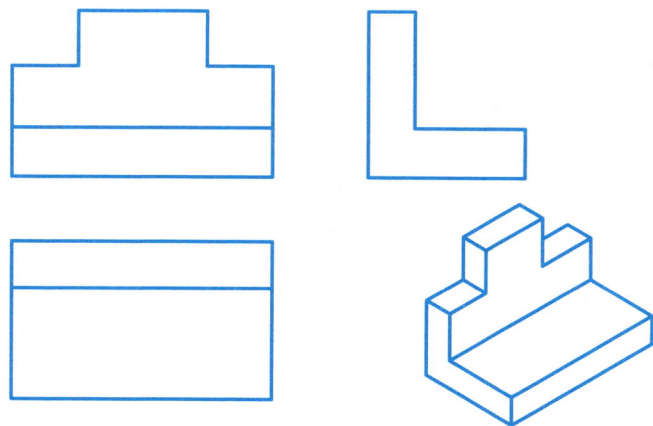

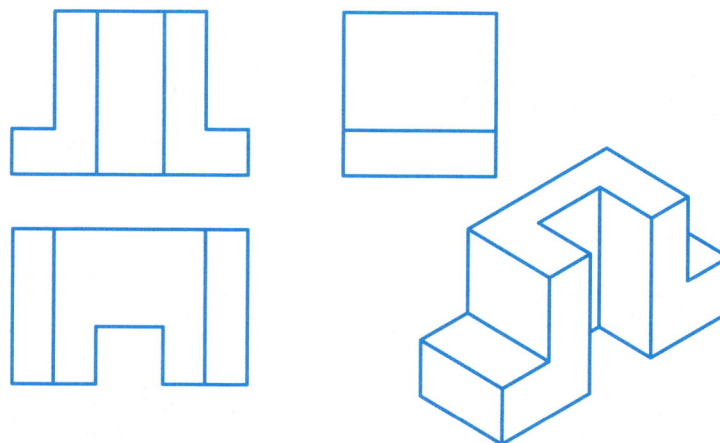

3.1 投影法与三视图

根据轴测图，补画所缺的第三个视图。

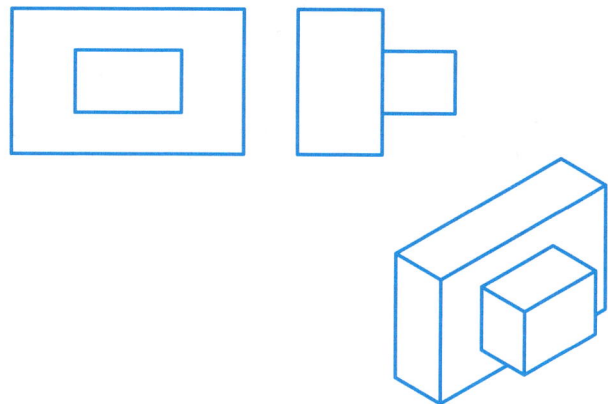

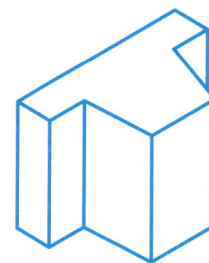

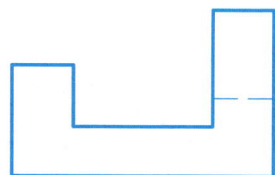

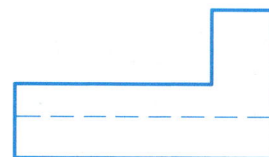

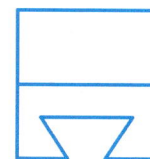

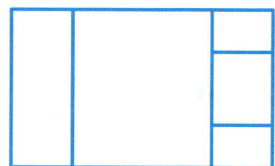

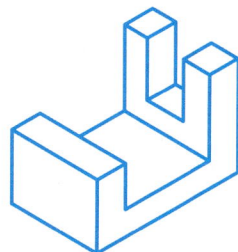

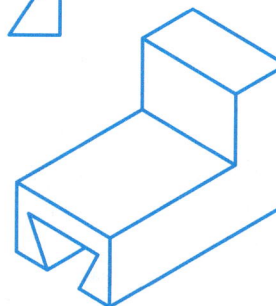

根据主视图，补画俯、左视图（宽度在轴测图上量取，比例 1∶1）。

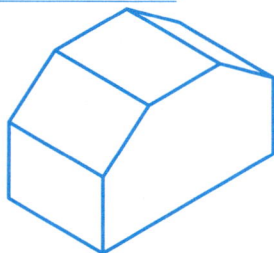

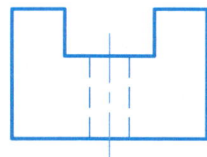

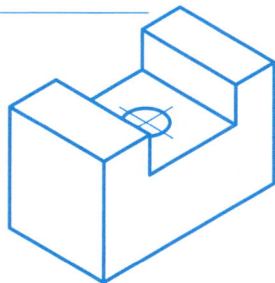

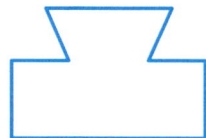

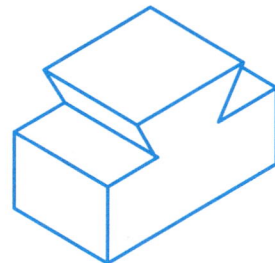

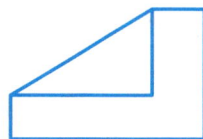

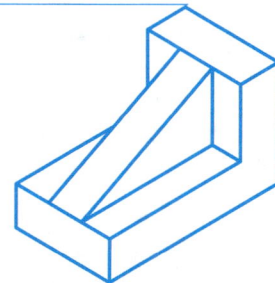

3.1 投影法与三视图

根据俯视图，补画主、左视图（高度在轴测图上量取，比例1∶1）。

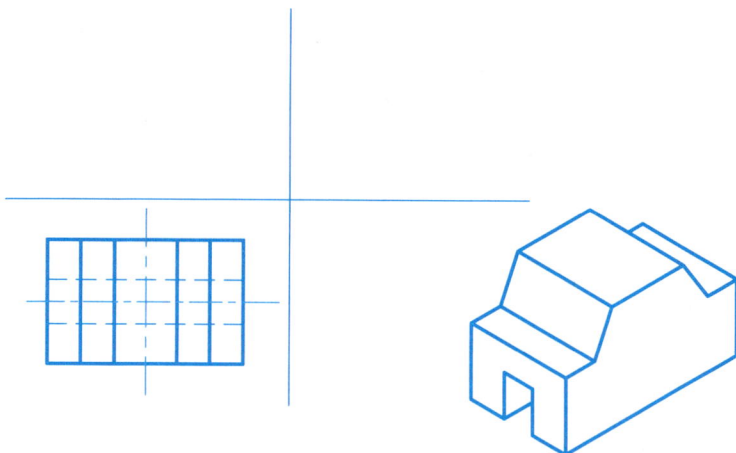

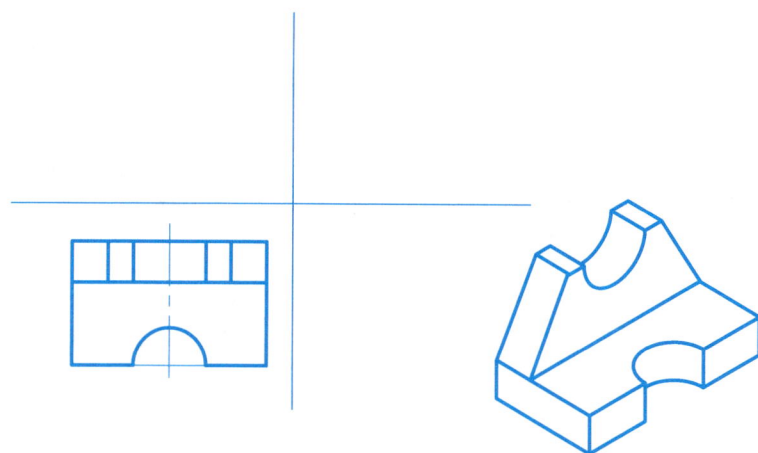

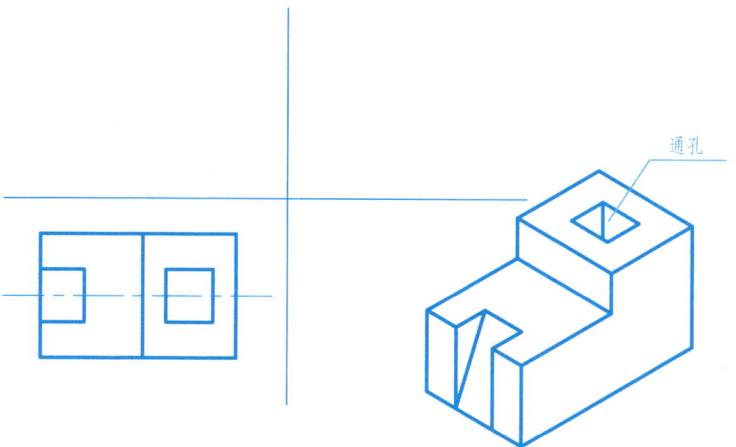

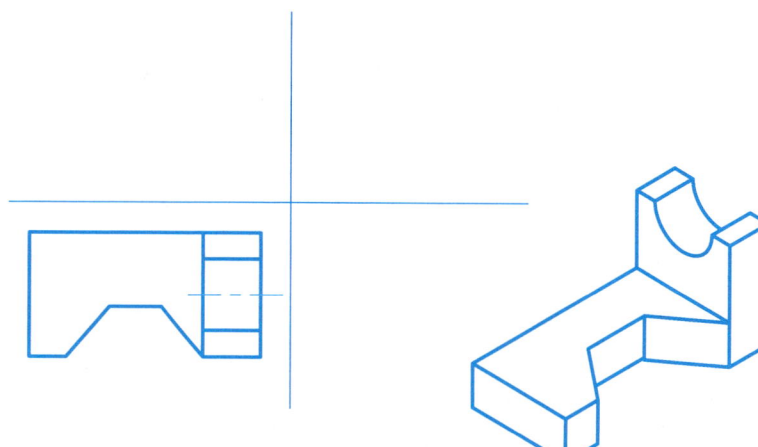

通孔

3.1 投影法与三视图

根据直观图，徒手完成立体的三视图。

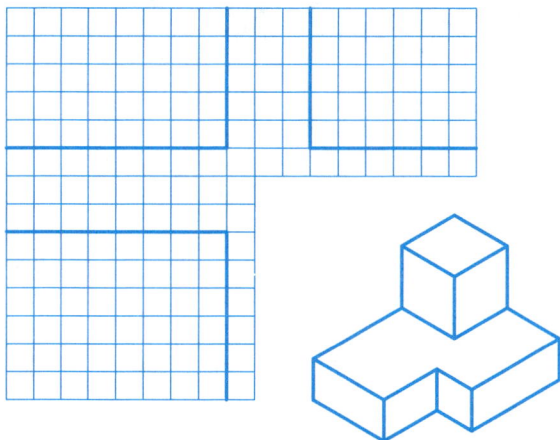

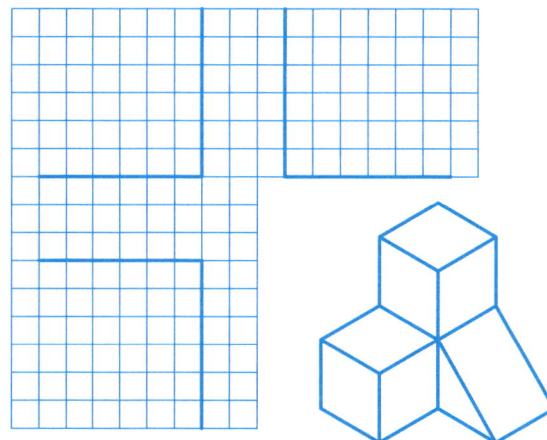

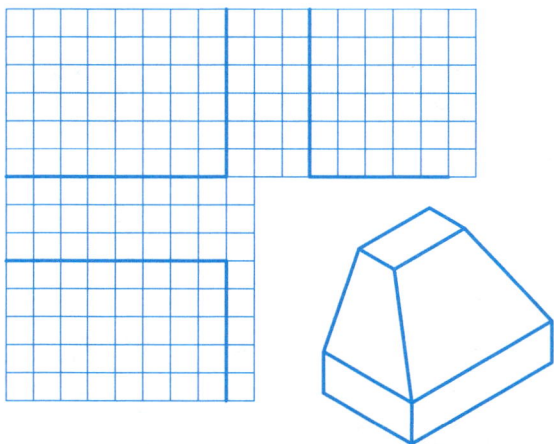

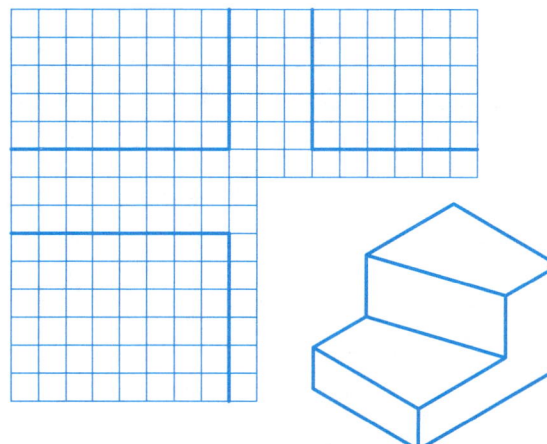

3.1 投影法与三视图

找出形体直观图与三视图的对应关系，将相应直观图的编号填入三视图的括号内，并对照直观图补画三视图中缺漏的线条。

(1)

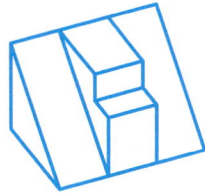

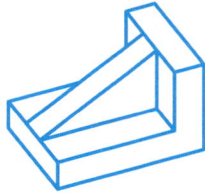
(2)

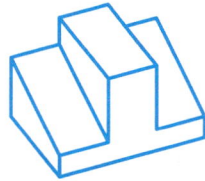
(4)

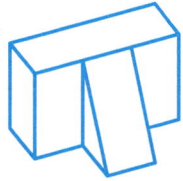
(5)

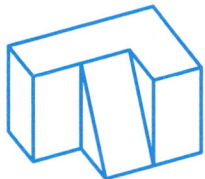
(3)

(6)

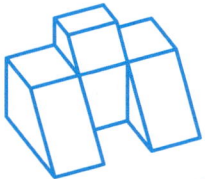
(7)

(8)

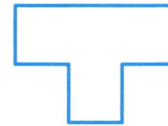

( )

( )

3.1 投影法与三视图

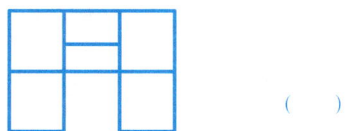

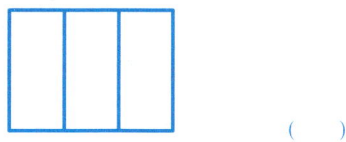

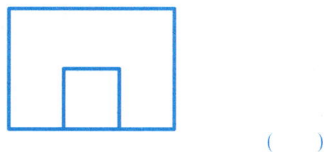

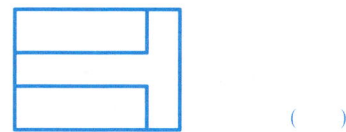

( )

( )

( )

( )

( )

( )

3.1 投影法与三视图

补画视图中所缺的图线。

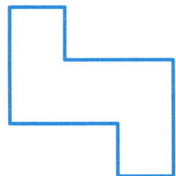

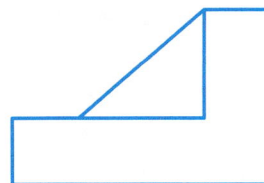

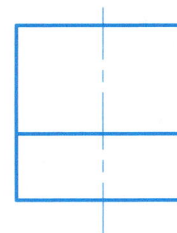

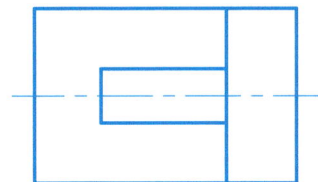

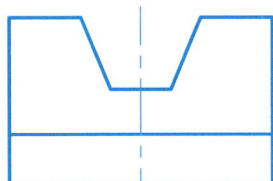

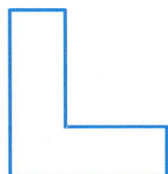

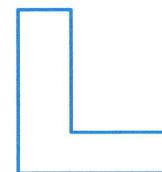

(1) 已知点 A、B、C 点的两面投影，求第三面投影。

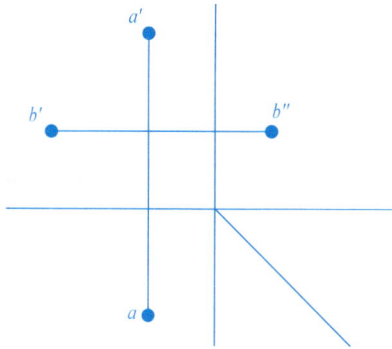

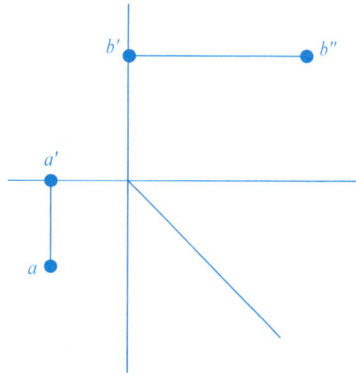

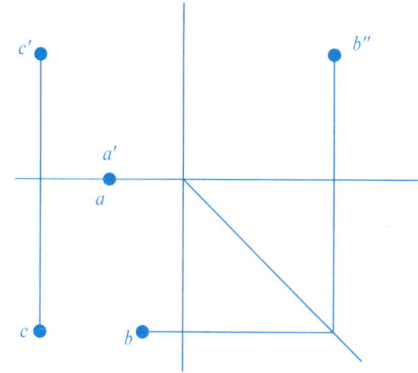

(2) 已知点 A（35，25，15）和点 B（20，30，0）的坐标，求其三面投影。

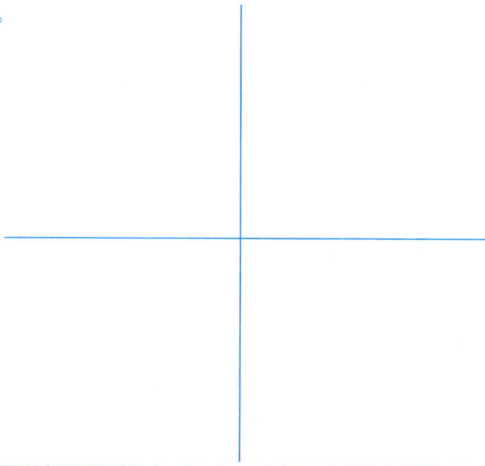

(3) 已知点 E 距 H 面 25，距 V 面 15，距 W 面 30，作出点 E 的三面投影图。

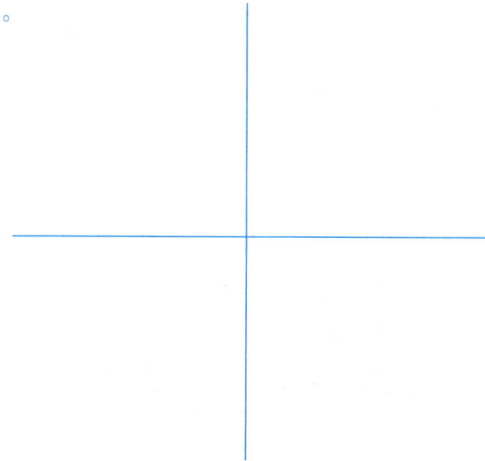

3.2 点的投影

(1) 已知点 A 在点 B 右方 20mm，下方 20mm，前方 10mm，求点 A 的三面投影，并说明两点的相对位置。

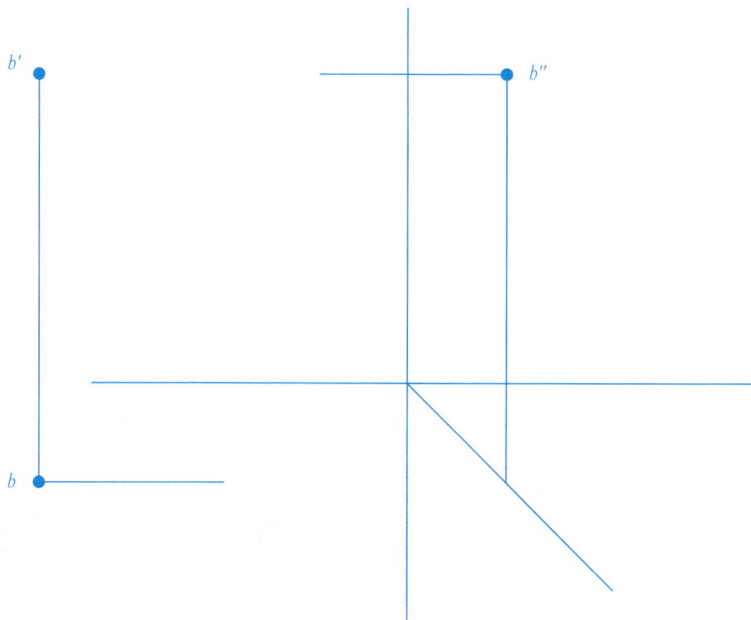

(2) 已知正三棱锥的俯视图，其锥顶 S 距 H 面 35mm，锥底位于 H 面上，补画主、左视图。

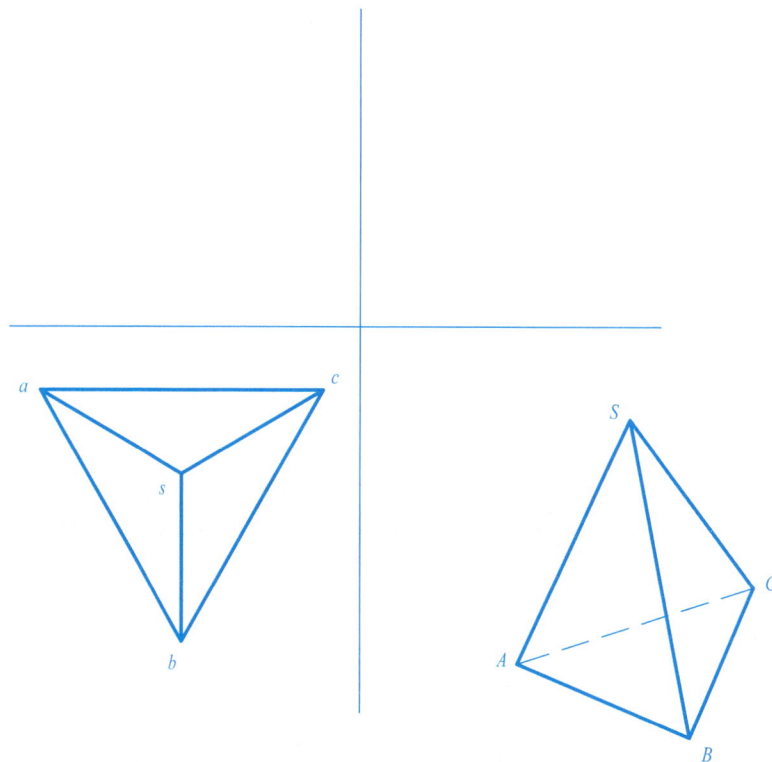

点 A 在点 B 的＿＿＿＿、＿＿＿＿、＿＿＿＿方。

点 S 在点 A 的＿＿＿＿、＿＿＿＿、＿＿＿＿方。
点 S 在点 B 的＿＿＿＿、＿＿＿＿、＿＿＿＿方。
点 C 在点 B 的＿＿＿＿、＿＿＿＿、＿＿＿＿方。

3.2 点的投影

分别在直观图和投影图上标注 A、B、C、D、E、F、G、H 点及相应的投影，并判别重影点的可见性。

(1)

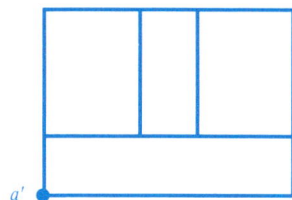

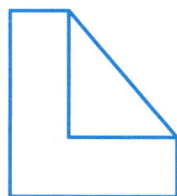

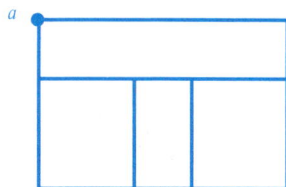

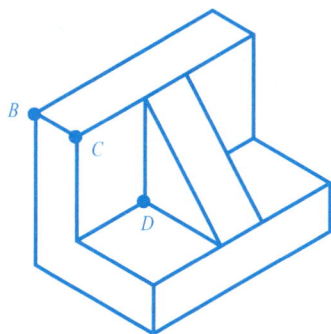

(2)

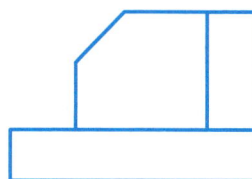

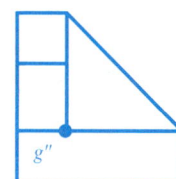

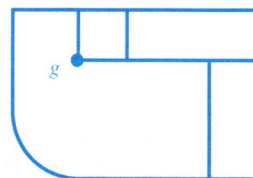

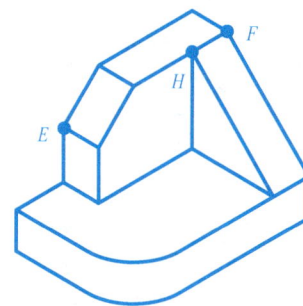

3.3 直线的投影

已知直线的两面投影，求第三面投影。并指出该直线是什么位置直线。

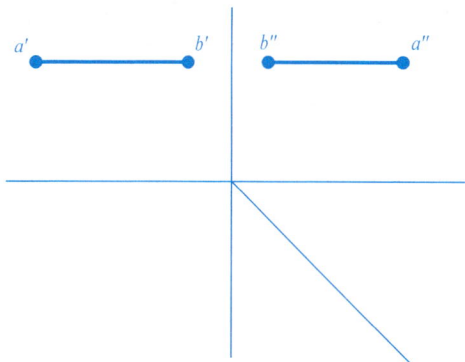

AB 直线是＿＿＿＿＿

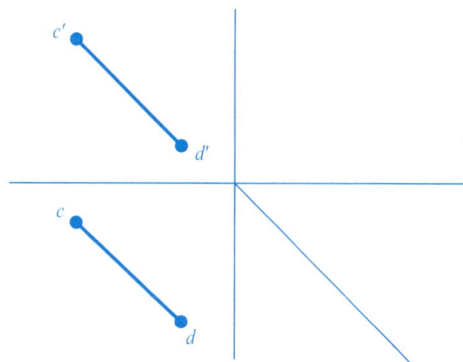

CD 直线是＿＿＿＿＿

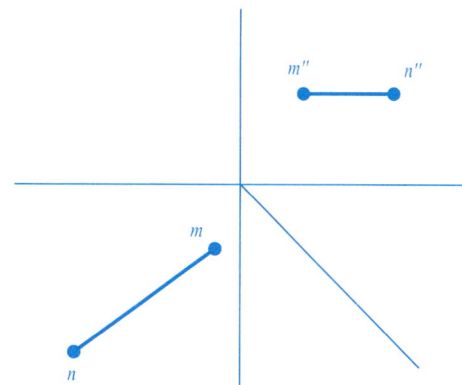

MN 直线是＿＿＿＿＿

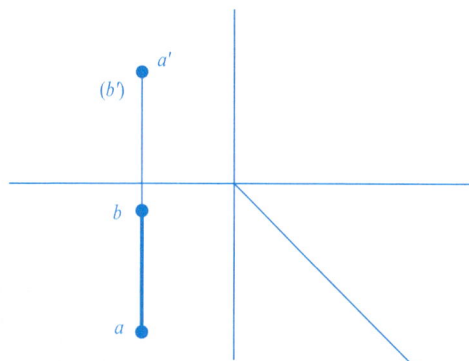

AB 直线是＿＿＿＿＿

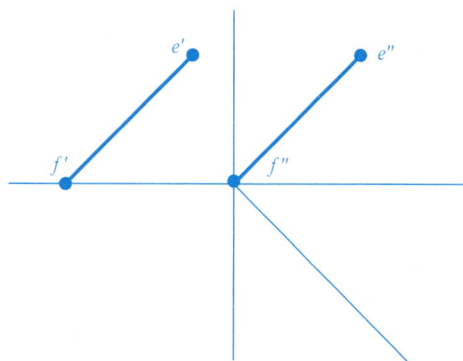

EF 直线是＿＿＿＿＿

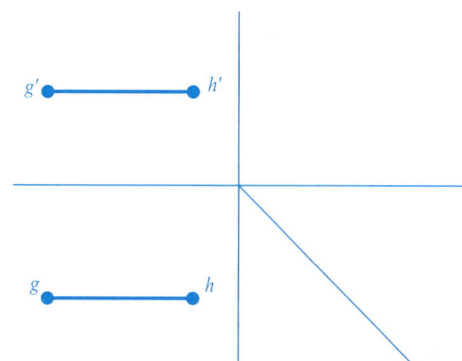

GH 直线是＿＿＿＿＿

3.3 直线的投影

(1) 根据已知条件，画全直线三面投影，并完成填空。

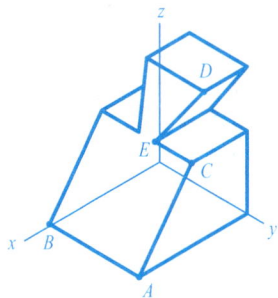

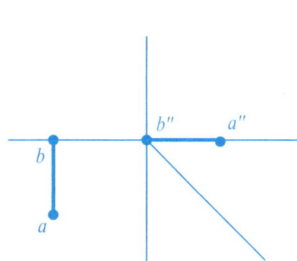

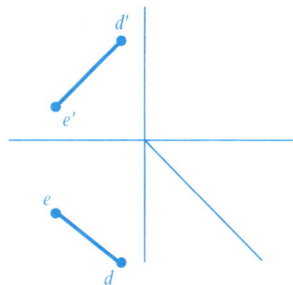

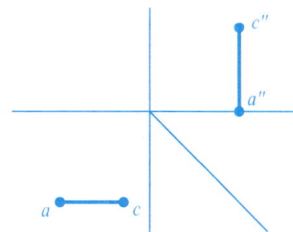

AB 直线是＿＿＿＿　　　ED 直线是＿＿＿＿　　　AC 直线是＿＿＿＿

(2) 判别两直线在空间的相对位置，并完成填空。

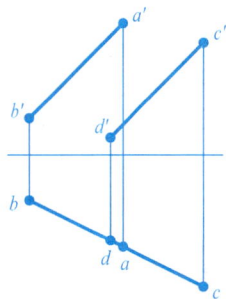

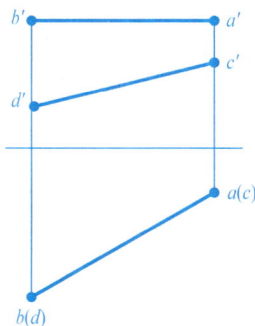

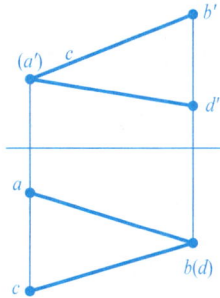

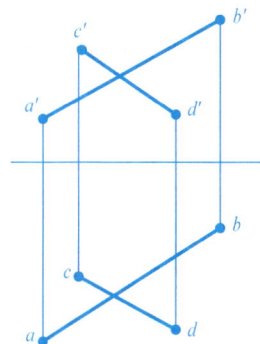

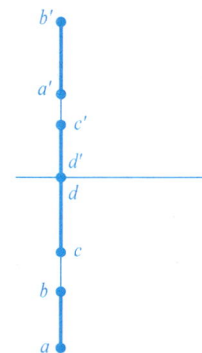

两直线＿＿＿＿　　　两直线＿＿＿＿　　　两直线＿＿＿＿　　　两直线＿＿＿＿　　　两直线＿＿＿＿

3.3 直线的投影

分别在直观图和投影图上标注 *AB*、*CD*、*EF*、*GH* 直线，并填写它们对各投影面的相对位置。

(1)

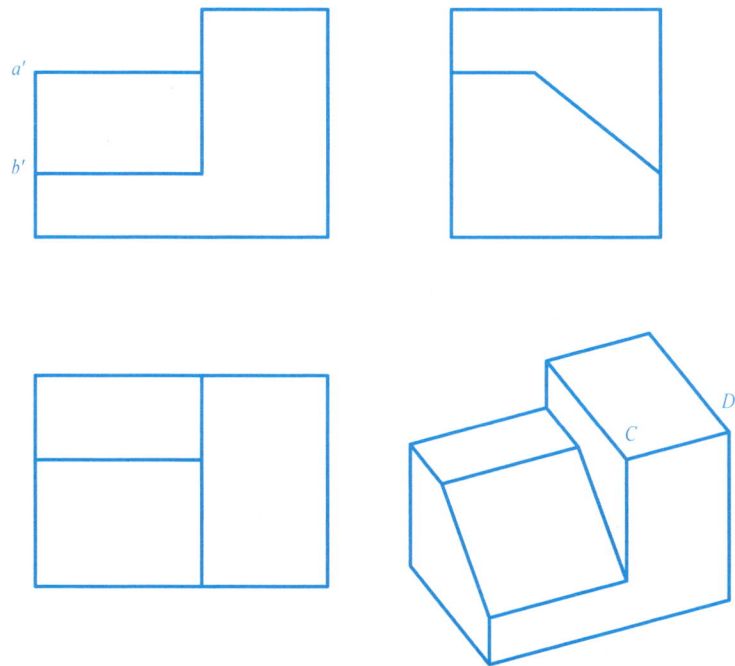

(2)

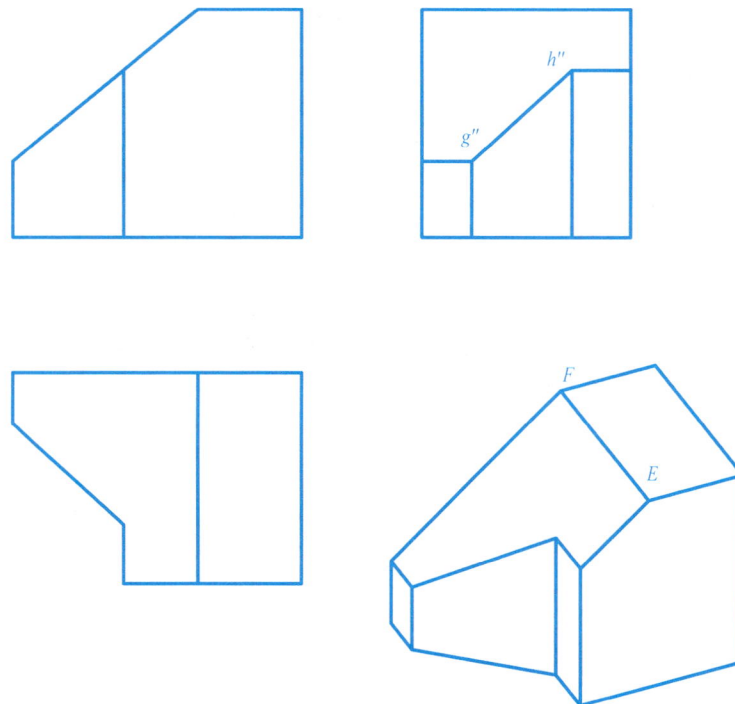

AB：_____ *V*、_____ *H*、_____ *W*

CD：_____ *V* _____ *H* _____ *W*

EF：_____ *V*、_____ *H*、_____ *W*

GH：_____ *V*、_____ *H*、_____ *W*

3.3 直线的投影

(1) 作正平线 CD 的三面投影，已知 CD 长 30mm，D 在 C 的右上方，与 H 面倾角为 30°。

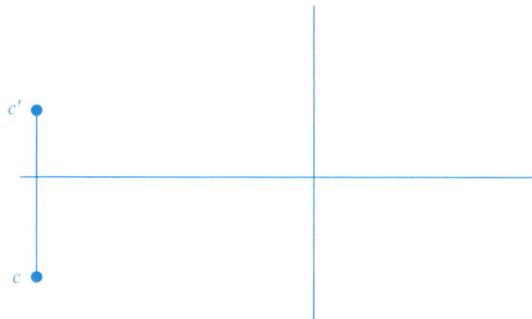

(3) 已知直线 AB 上点 C 的正面投影 c′，求点 c 的水平投影。

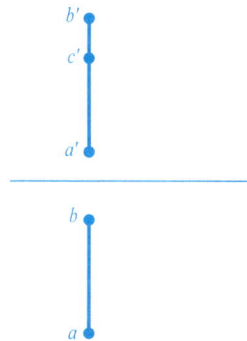

(2) 过点 A 作直线 AB 与直线 CD 相交，其交点 B 距 H 面 14mm。

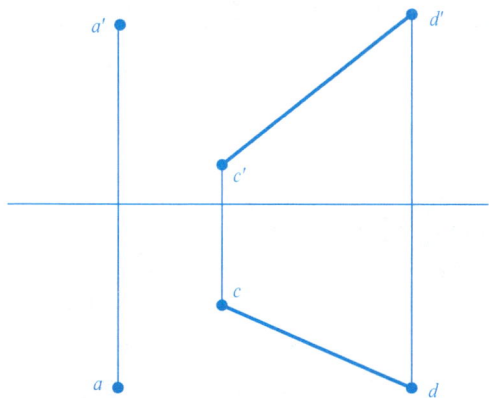

(4) 判断两直线重影点的可见性。

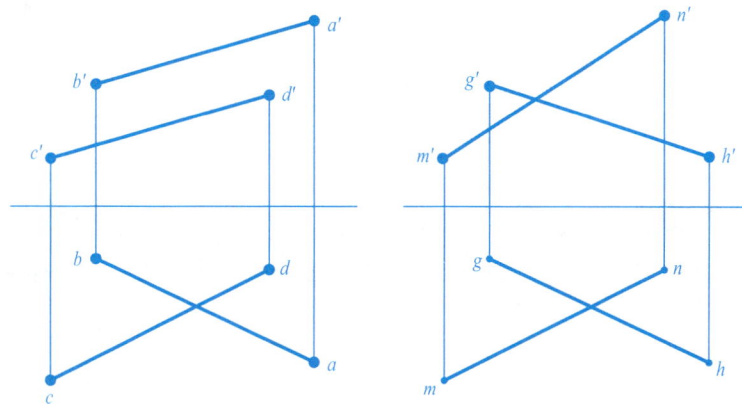

3.4 平面的投影

已知平面的两面投影，求第三面投影。并指出该平面是什么位置平面。

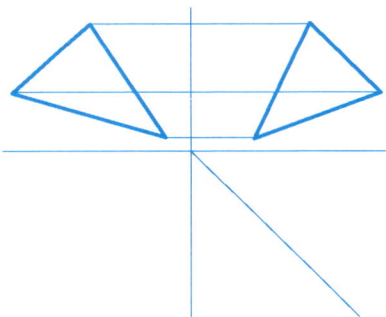

该平面是_____

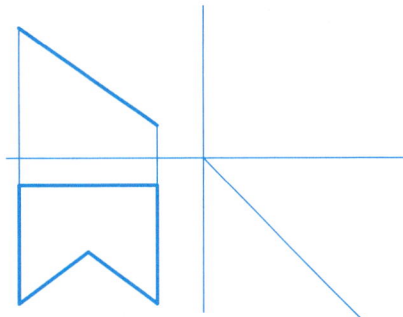

该平面是_____

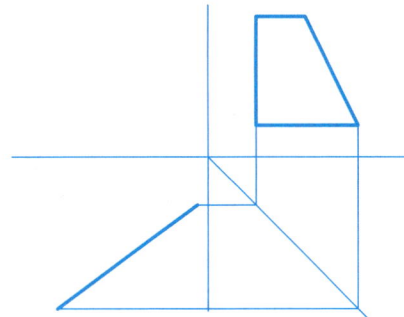

该平面是_____

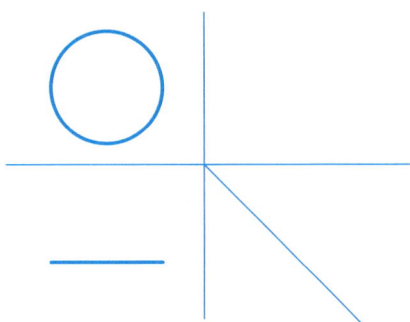

该平面是_____

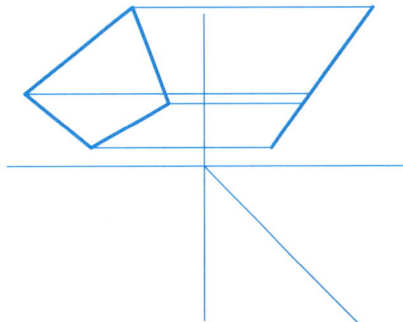

该平面是_____

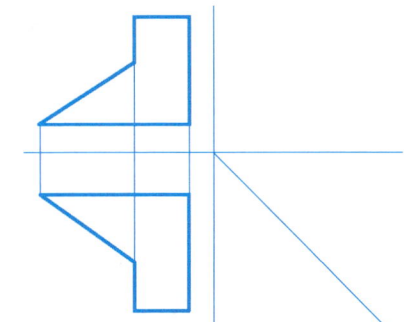

该平面是_____

班级　　　　　学号　　　　　姓名　　　　41

3.4 平面的投影

(1) 已知正垂面 P 与 H 面倾角为 30°，作出其他两面投影。

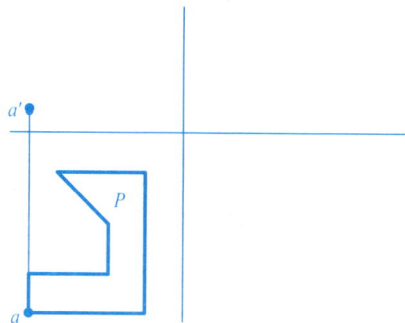

(3) 完成平面图形 $ABCDE$ 的水平投影。

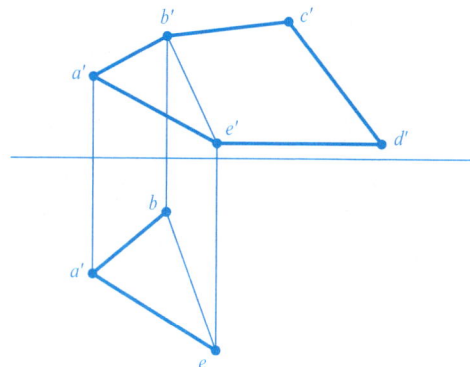

(2) 通过作图说明直线 BD 及点 K 是否在平面 ABC 上。

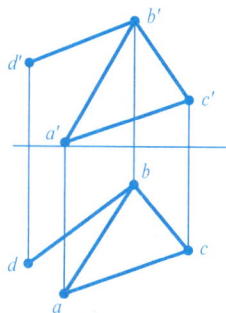

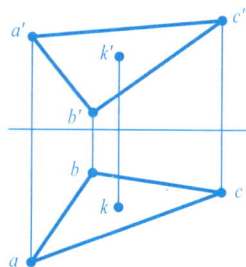

直线 BD _____ 平面上　　点 K _____ 平面上

(4) 在平面 $ABCD$ 上取一点 K，使其距 V 面 25mm，距 H 面 10mm。

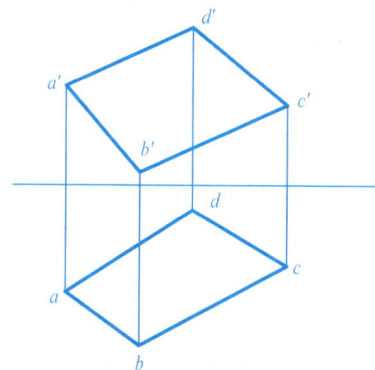

分别在直观图和投影图上标注 P、Q、R、S 平面，并填写它们对各投影面的相对位置。

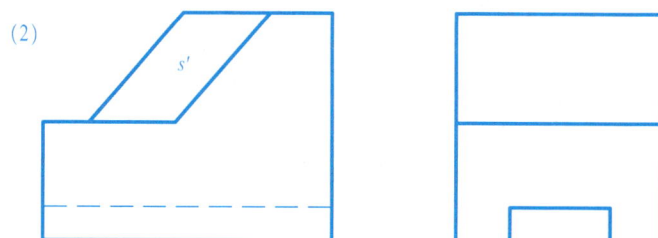

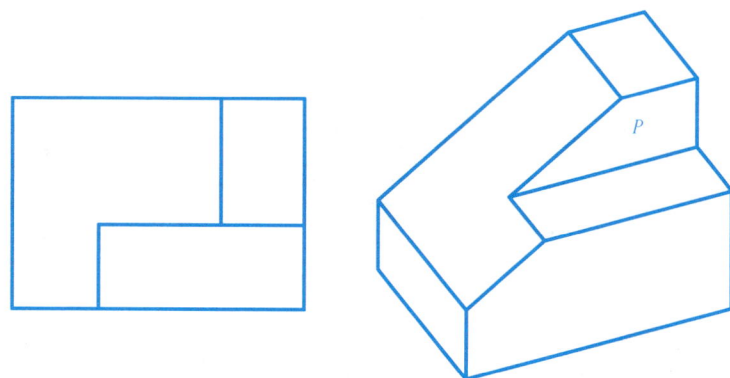

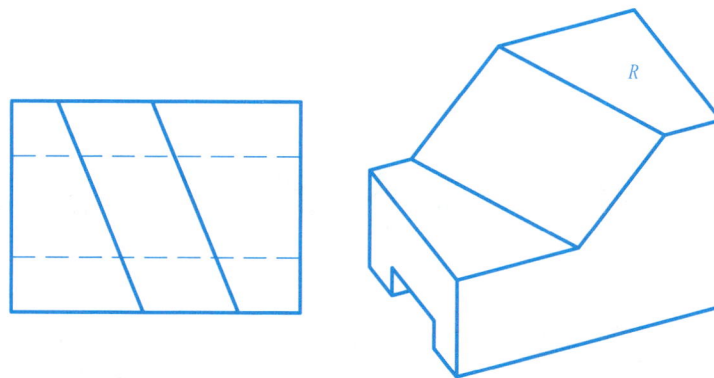

(1)

q''

(2)

s'

P

R

P：_____ V、_____ H、_____ W

Q：_____ V、_____ H、_____ W

P：_____ V、_____ H、_____ W

S：_____ V、_____ H、_____ W

3.5　用 AutoCAD 绘制物体的三视图

用 1∶1 比例绘制 A3 图框及其标题栏并抄绘下面的三视图。

(1)

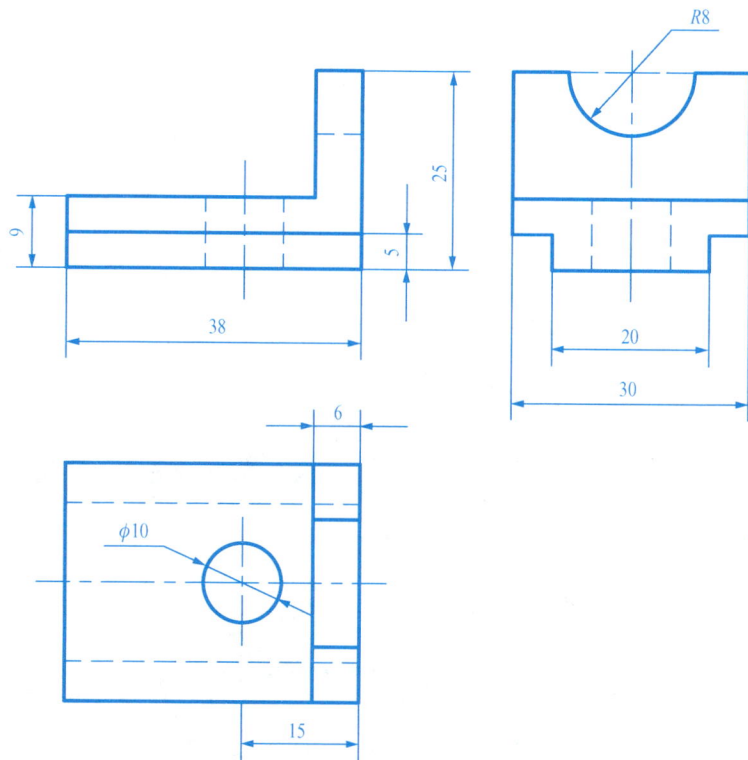

(2)

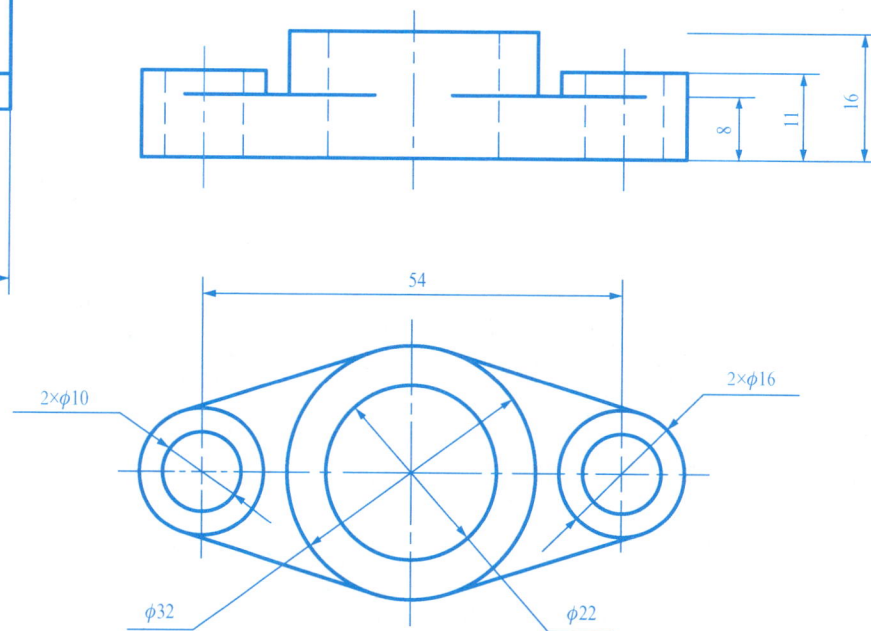

第四章　立体及其表面交线的投影

作业指导

一、本章应掌握知识点

1. 基本几何体的三视图

基本几何体可以分为平面立体和曲面立体。绘制平面立体三视图可理解为绘制一组集中的平面多边形（平面立体的表面）和直线（平面立体的棱线）的投影，作图时应分析各面的空间位置和相互关系，从最简单的视图入手开始绘制，逐步总结出自己绘图的一套思路和方法。在平面立体表面上取点，与在平面、直线上取点的作图完全一样。

曲面立体中主要学习回转体。回转体投影最大的特点就是一定会有两个视图的形状相同，抓住这个特点结合分析构成曲面体各面的空间位置情况，很快就能找到曲面体三视图的绘制方法。

另外在学习中还应注意总结基本几何体的投影特性，并且将这些投影特性用于绘图、识图的实践中，在练习过程中注意要不断变化立体的方位，只有通过反复练习，才能在实践中应用自如。

2. 截交线和相贯线

了解截交线和相贯线的基本概念和基本性质，掌握截交线和相贯线的求作方法并会判断其可见性。

二、本章重点和难点提示

1. 在曲面立体表面上取点

在曲面立体的表面上取点，既是本节的重点，也是难点。学习中要注意以下几点：

（1）了解各曲面的母线和轴线的关系及各曲面的形成规律。

（2）掌握外形轮廓素线的投影。在平面立体的投影中，每条棱线的投影都用线（实线或虚线）画出，而在曲面体的投影中，只有曲面体的外形轮廓素线（转向素线）的投影才用粗实线画出，中间一般素线的投影不画。

（3）在曲面上取点的方法，除了圆柱一般利用投影的积聚性求作外，一般都采用辅助线或纬圆法求作。在表面上取点时，一要做到步骤清楚，二要做到方法得当。通常应先根据已知点的位置，先判断出所要求点的大致位置和可见性，再根据已知点所在表面的投影特性，选择适当的方法来求作。例如：棱柱、圆柱表面上的点一般利用其投影的积聚性取点，而投影不具有积聚性的立体表面的取点，则常采用先在立体表面作辅助线或辅助圆等方法间接取点，棱锥、圆锥、圆球、圆环等常采用这种方法。

（4）绘制曲面体的三视图，圆要画出中心线（点划线），回转轴线也要用点划线画出，它对画图、读图和尺寸标注起定位基准的作用。这点初学者经常疏忽。

2. 正确求作截交线

（1）截交线的性质是求作截交线的基础，应充分理解。

（2）截交线的类型及形状根据立体的形状和截平面的位置不同而不同。

1）平面立体的截交线通常是封闭的折线所围成的平面图形。

2）曲面立体的截交线通常是封闭的平面曲线，或是由曲线和直线所围成的平面图形或多边形。

3) 多个截平面与立体相交所得的截交线是各截平面所得截交线的组合，截交线的结合点是相邻两截平面与立体表面的共有点，它是两截平面的交线与立体表面的交点。两截平面的交线是各截断面的分界线。

(3) 求作截交线的方法：

1) 平面立体的截交线。就是求截平面与平面立体上各被截棱线的交点的投影。

2) 曲面立体的截交线。①辅助线法：在曲面立体表面取若干条素线，并求出这些线与截平面的交点，将其依次光滑连接即得所求的截交线；②纬圆法：在曲面立体表面取若干个纬圆，并求出这些纬圆与截平面的交点，将其依次光滑连接即得所求的截交线。

(4) 求作截交线的步骤：

1) 根据截平面位置与立体表面的性质，判断截交线的形状和性质。

2) 根据截平面位置或曲面立体所处位置，决定采用什么方法求作共有点。

3) 求作截交线上的所有特殊点。特殊点是指绘制曲线时有影响的各种点，一般是指①极限点：确定曲线范围的最高、最低、最前、最后、最左和最右点；②转向点：曲线上处于曲面投影转向素线上的点，它们是区分曲线可见与不可见部分的分界点；③特征点：曲线本身具有的特征点，如椭圆长、短轴上四个端点；④结合点：截交线由几部分不同线段（曲线、直线）组成时结合处的那些点。

4) 根据需要求作若干个一般点。

5) 光滑且顺次地连接各点，作出截交线，并且判断可见性。

6) 最后，补全可见与不可见部分的轮廓线或转向轮廓素线，并擦除被切割掉的轮廓线或转向轮廓素线。

3. 正确求作相贯线

(1) 相贯线是两立体表面的共有线，相贯线上的点是两立体表面的共有点。不同的立体及不同的相贯位置，其相贯线的形状不同。两曲面立体相贯，相贯线一般是封闭的空间曲线，特殊情况下为平面曲线或直线。

(2) 求作曲面立体相贯线的方法。求作相贯线时，先根据投影特性找出相贯线的1~2个投影，再求出适当数量的共有点，然后依次光滑连接而成。求共有点的方法是：①若相贯线有一个投影已知，可采用辅助平面法或表面取点法作出；②若相贯线有两个投影已知，可采用表面取点法作出；③若相贯线有三个投影均为未知，可采用辅助平面法作出；④若求轮廓素线上的点，有时须包括轮廓素线作辅助平面。

(3) 求作相贯线的一般步骤：

1) 首先分析两曲面立体的几何形状、相对大小和相对位置，进一步分析相贯线是空间曲线还是处于特殊情况（平面曲线或直线）。分析两曲面立体对投影面的相对位置，两曲面立体的投影是否有积聚性，哪个投影有积聚性。分析相贯线哪个投影是已知的，哪个投影是要求作的。

2) 求作相贯线上的特殊点。

3) 根据需要求作若干个一般点。

4) 光滑且顺次地连接各点，作出相贯线，并判断可见性。

5) 最后，补全可见与不可见部分的轮廓线或转向轮廓素线。

4.1 几何体的投影

根据物体一已知视图，补画其他两视图，所缺尺寸自定。

	已知俯视图	已知主视图	已知侧视图
正六棱柱			
正四棱台			

4.1 几何体的投影

根据物体一已知视图，补画其他两视图，所缺尺寸自定。

	已知俯视图	已知主视图	已知侧视图
半圆球			
圆台			

4.1 几何体的投影

求基本体表面点的其余两面投影。

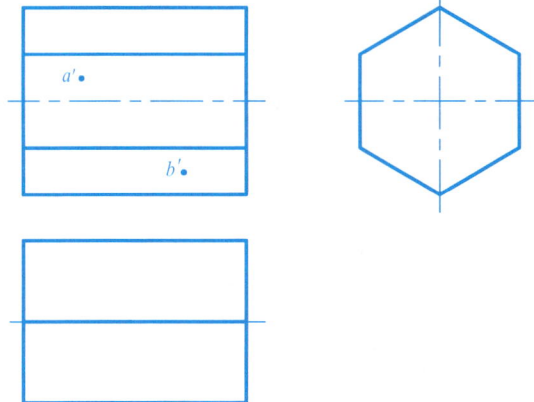

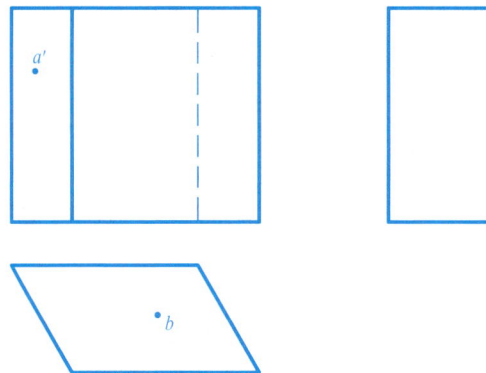

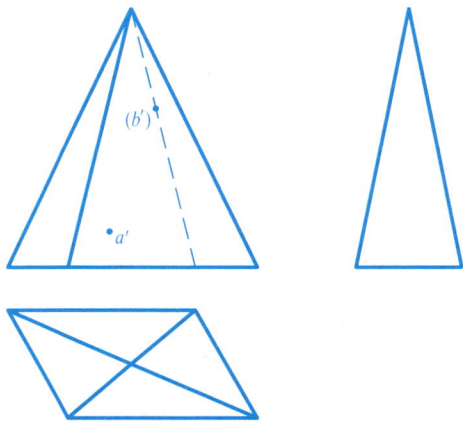

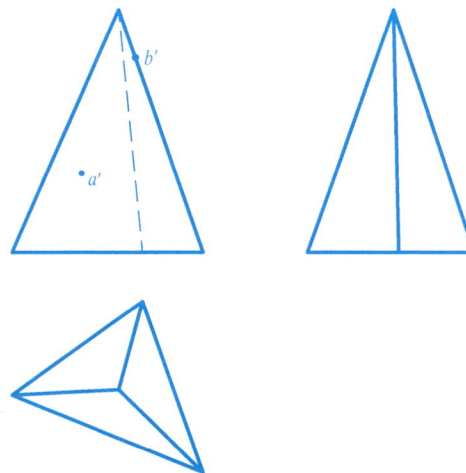

4.1 几何体的投影

求基本体表面点的其余两面投影。

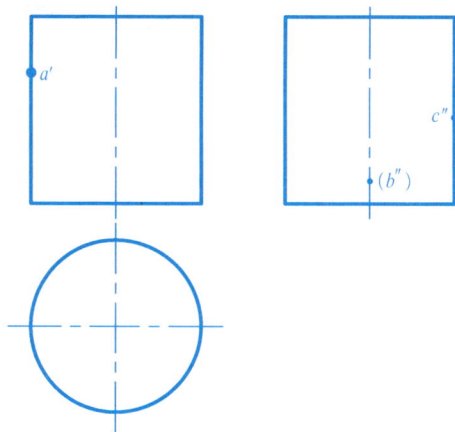

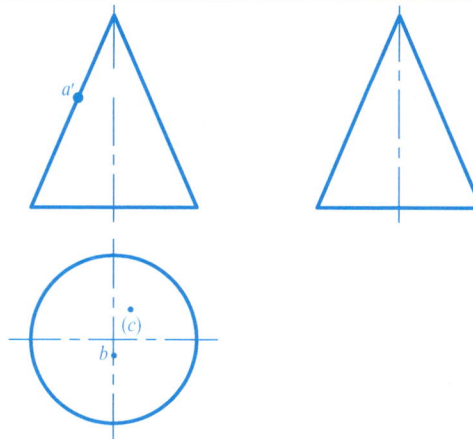

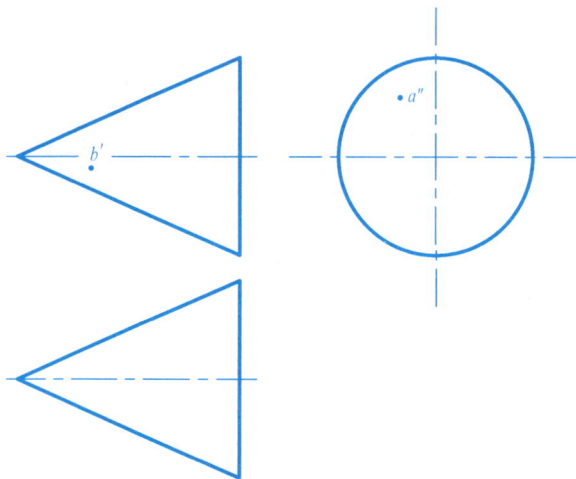

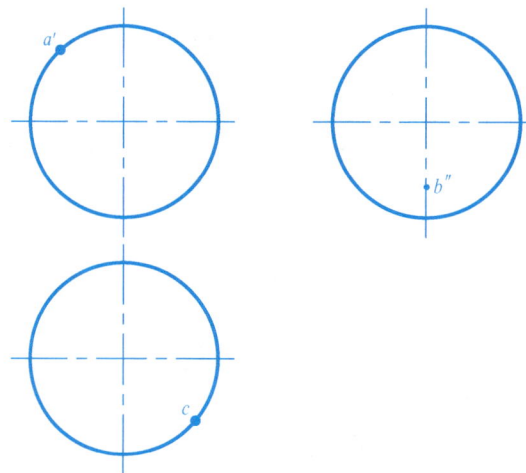

4.1 几何体的投影

已知回转体（一部分）的两面投影，求作第三视图。

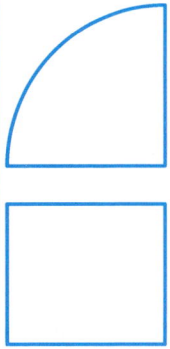

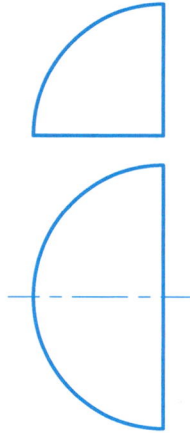

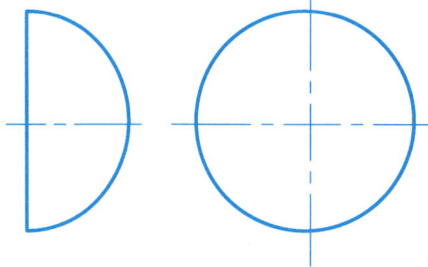

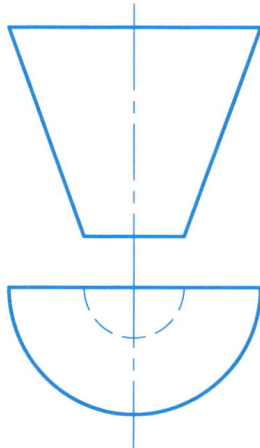

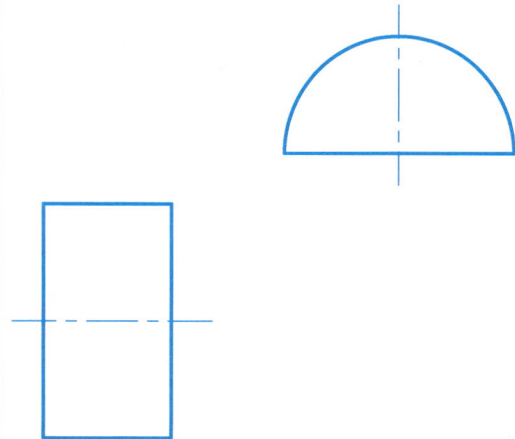

4.1 几何体的投影

(1) 根据左视图，补画主视图（该立体由四个基本几何体构成）。

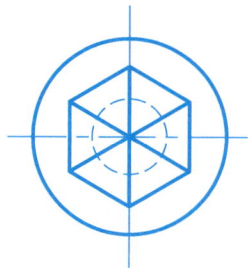

(2) 根据俯视图，补画主、左视图（该立体由四个基本几何体构成）。

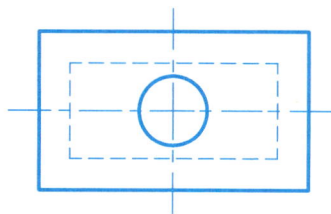

(3) 自己构思一个物体，该物体至少由三个以上完整或不完整的基本几何体构成，注意画图的顺序，同学之间不应重样。

补全截头四棱锥、三棱柱的三视图。

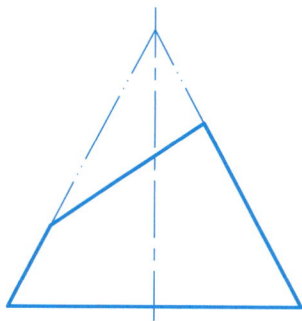

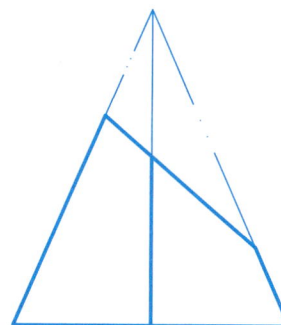

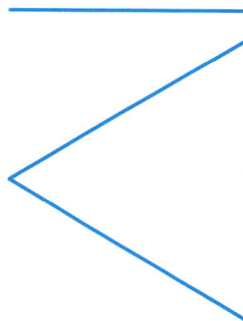

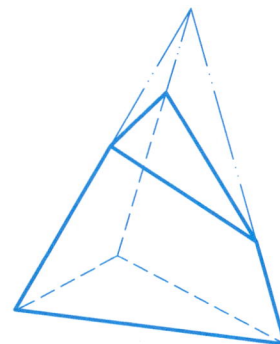

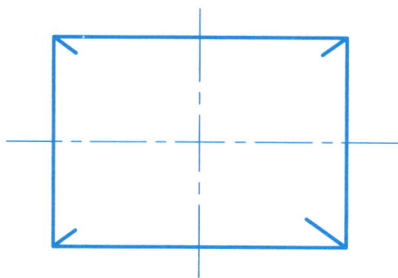

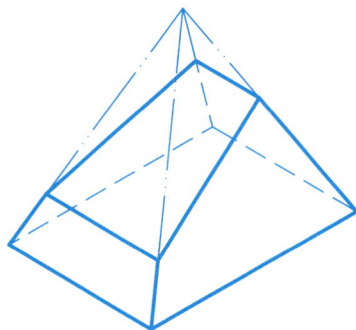

4.2 平面与立体相交

完成下面截断体的三面投影

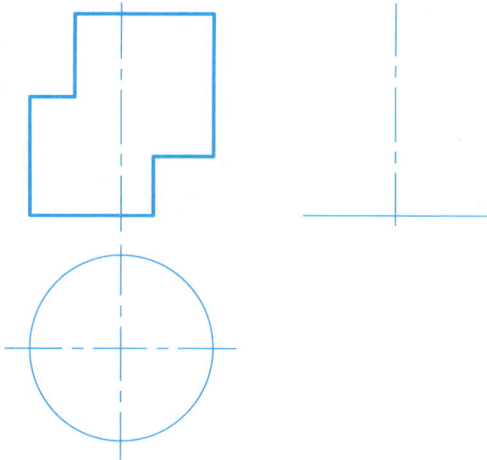

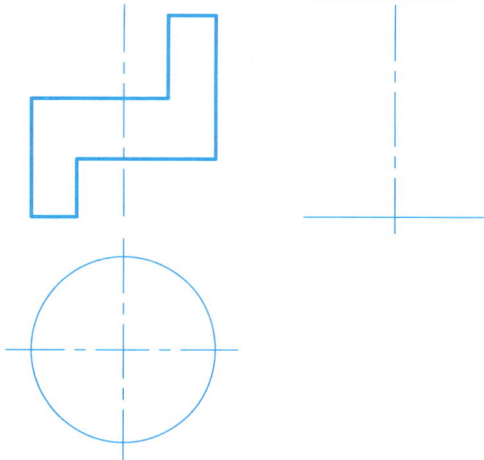

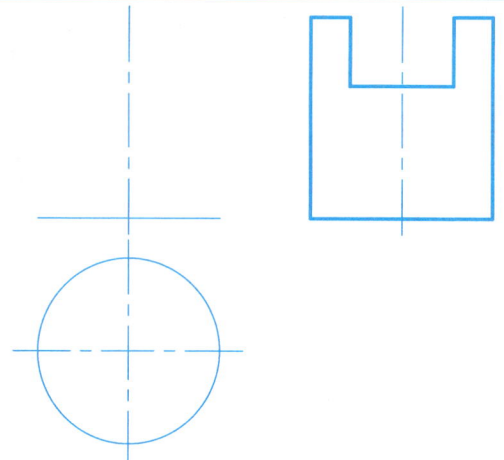

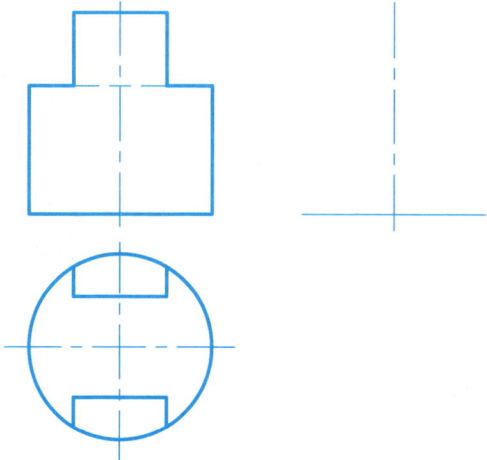

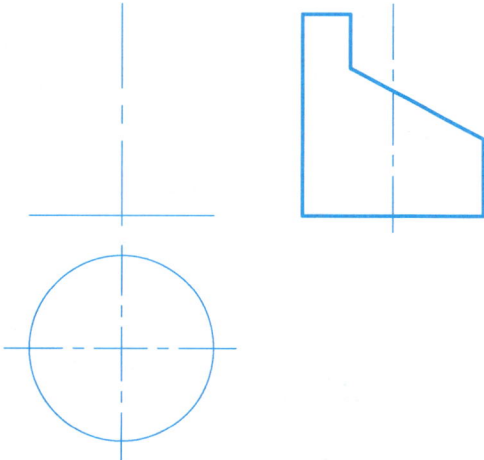

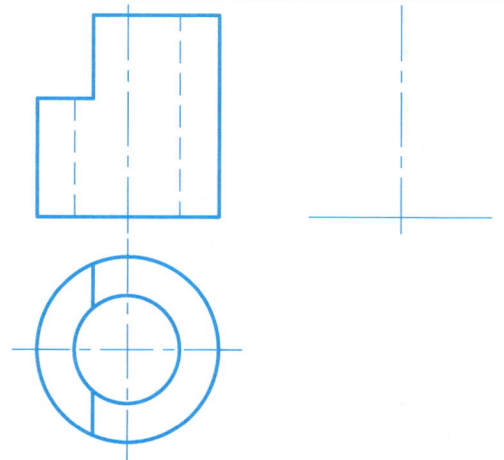

4.2 平面与立体相交

完成下面截断体的三面投影

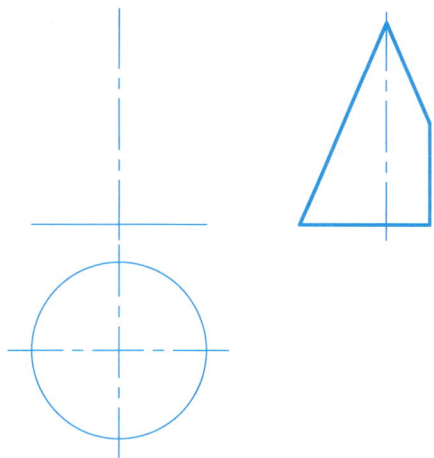

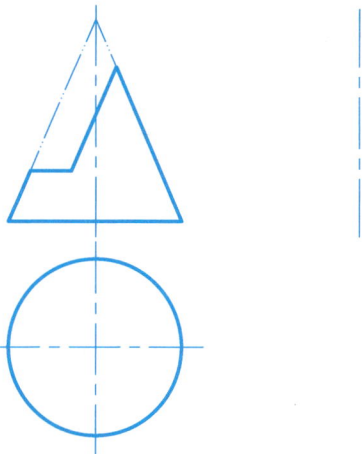

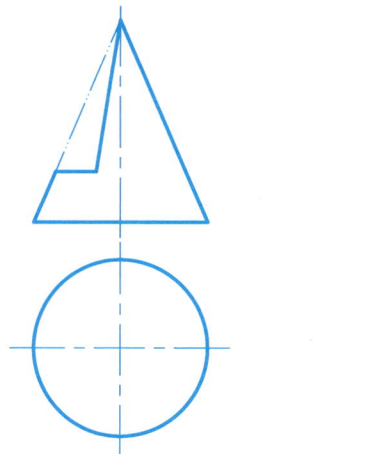

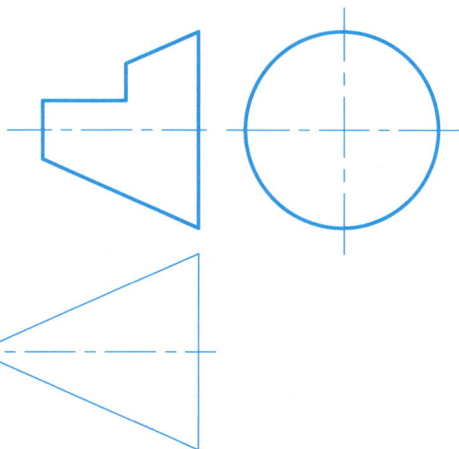

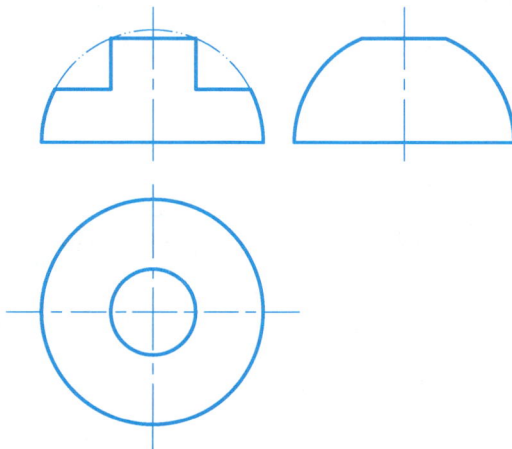

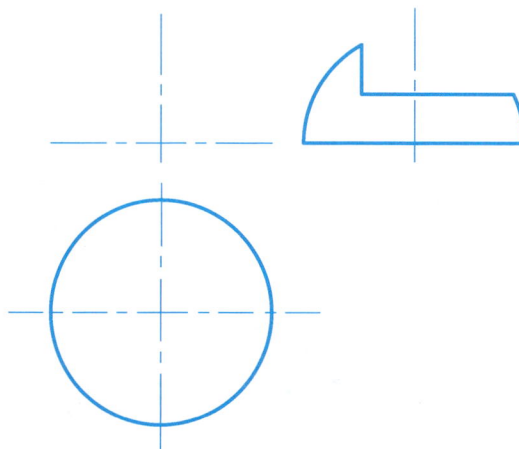

(1) 补画视图中所缺的图线。

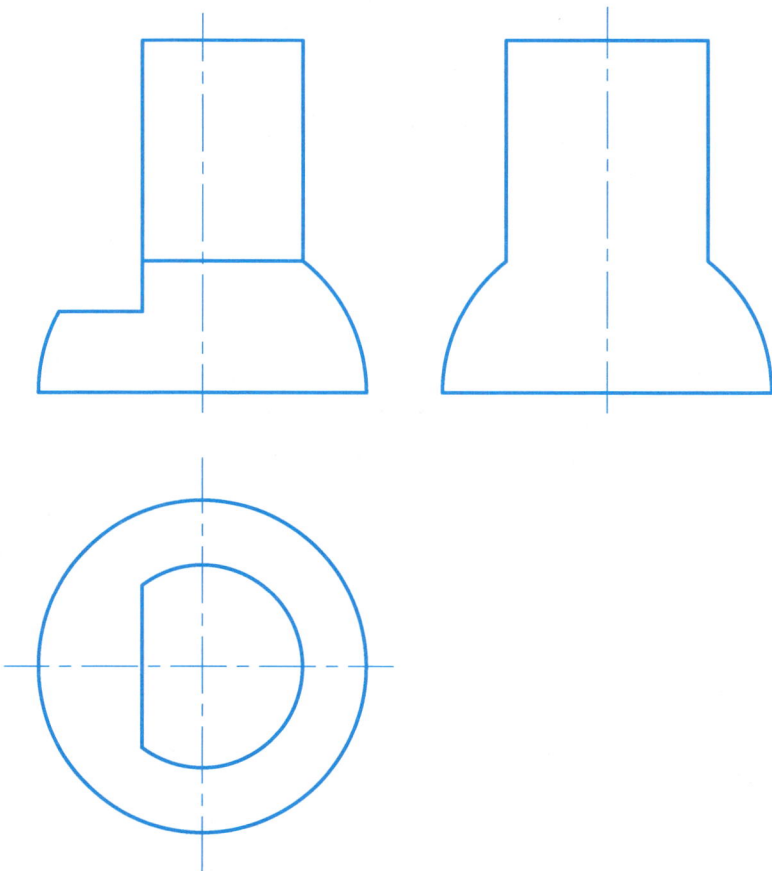

(2) 完成截断体的三面投影图。

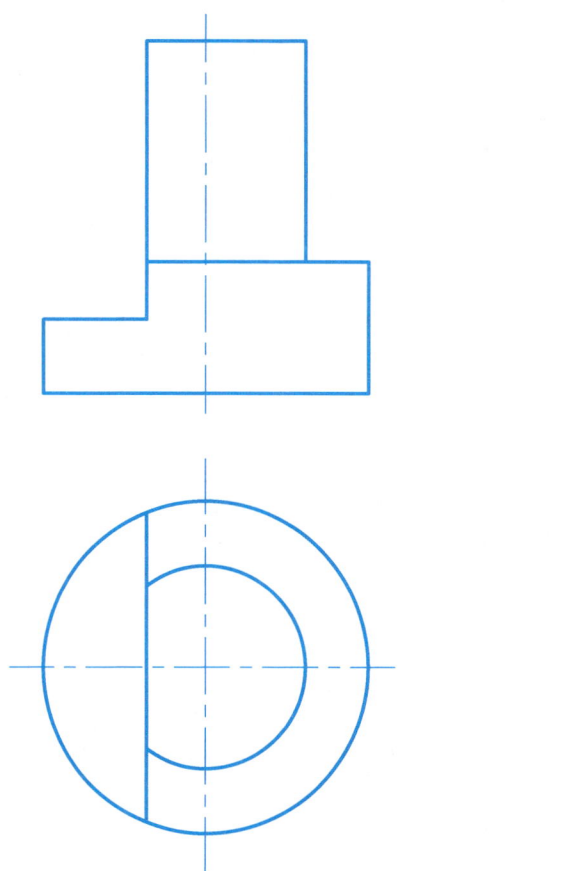

4.2 平面与立体相交

（1）根据主、左视图，补画俯视图。

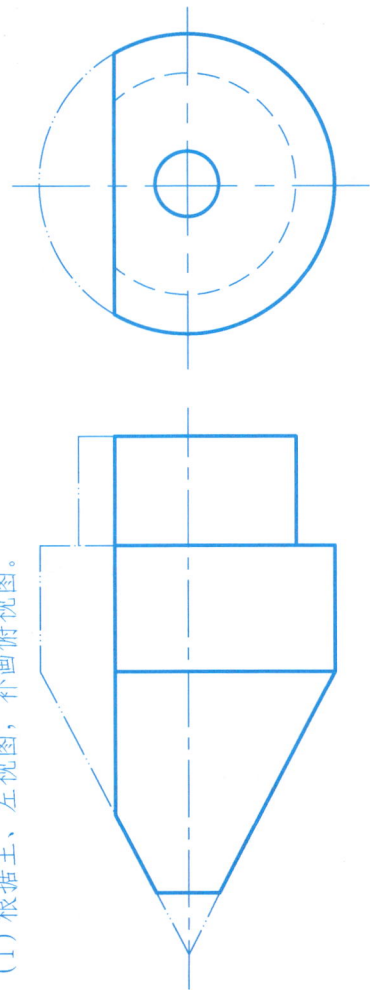

（2）根据主视图，补画其他两视图中的漏线。

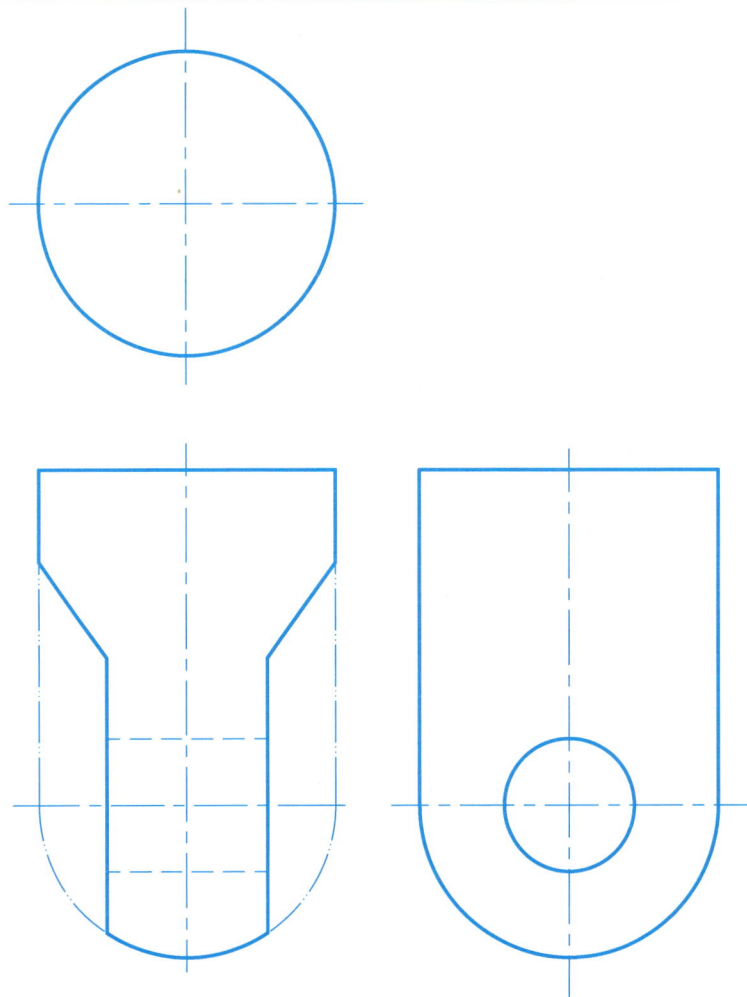

班级　　　　学号　　　　姓名　　　　57

求相贯线的投影（用表面取点的方法，保留作图线）。

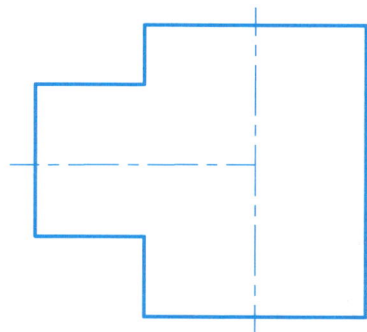

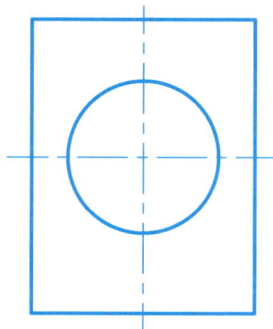

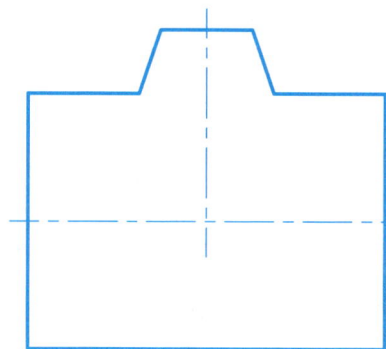

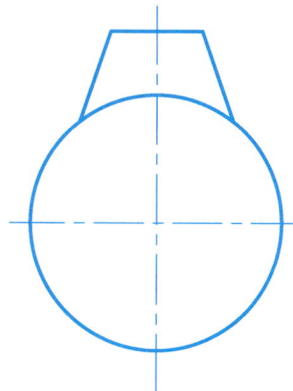

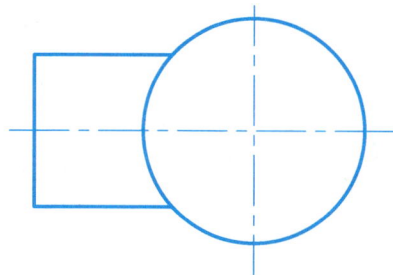

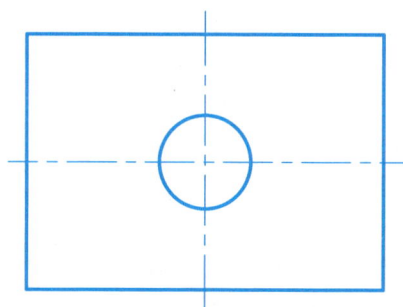

4.3 立体与立体相交

求相贯线的投影，完成三视图。

(1)

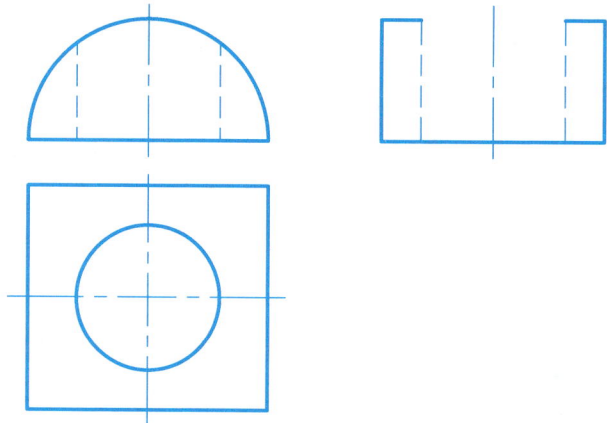

(2)

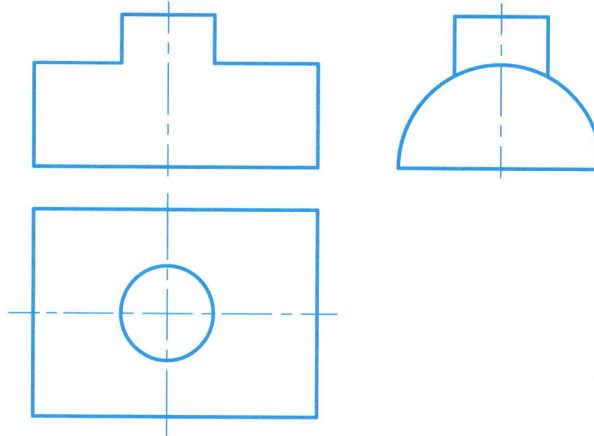

(3)

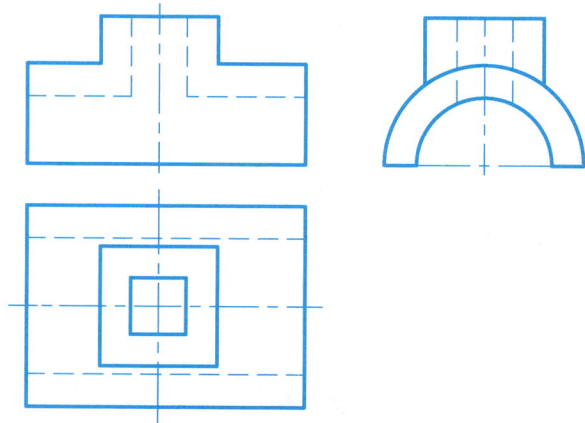

(4)

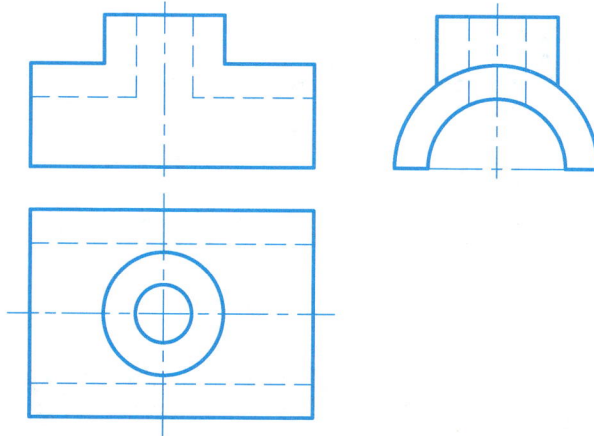

求相贯线的投影，完成三视图。

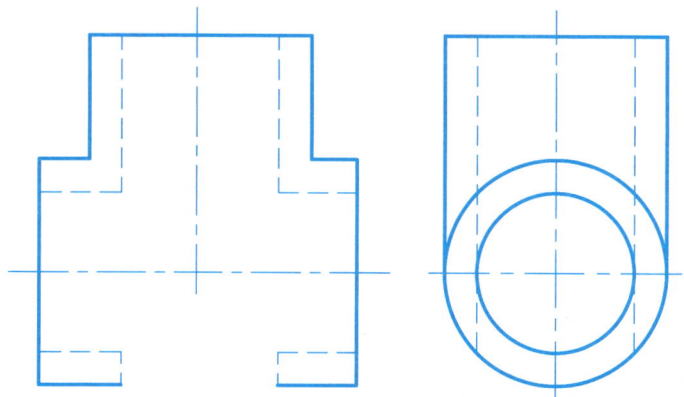

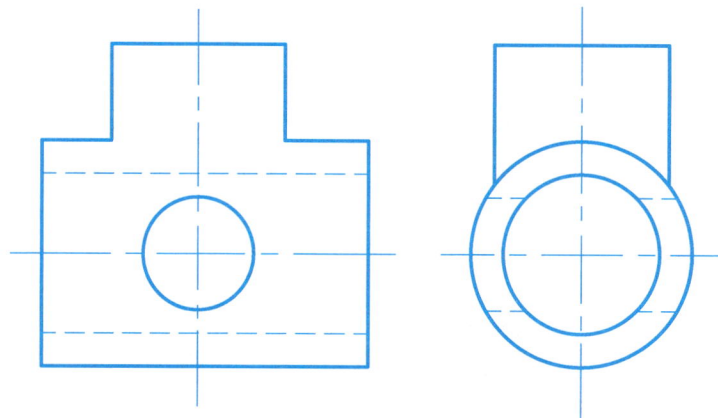

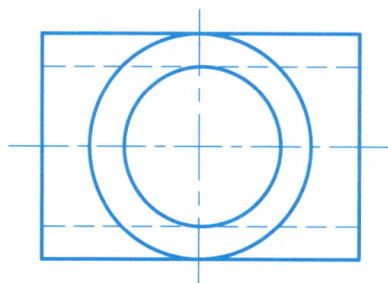

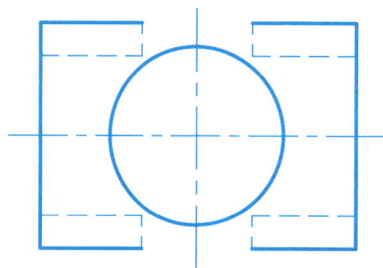

4.3 立体与立体相交

(1) 补全立体相贯线的投影。

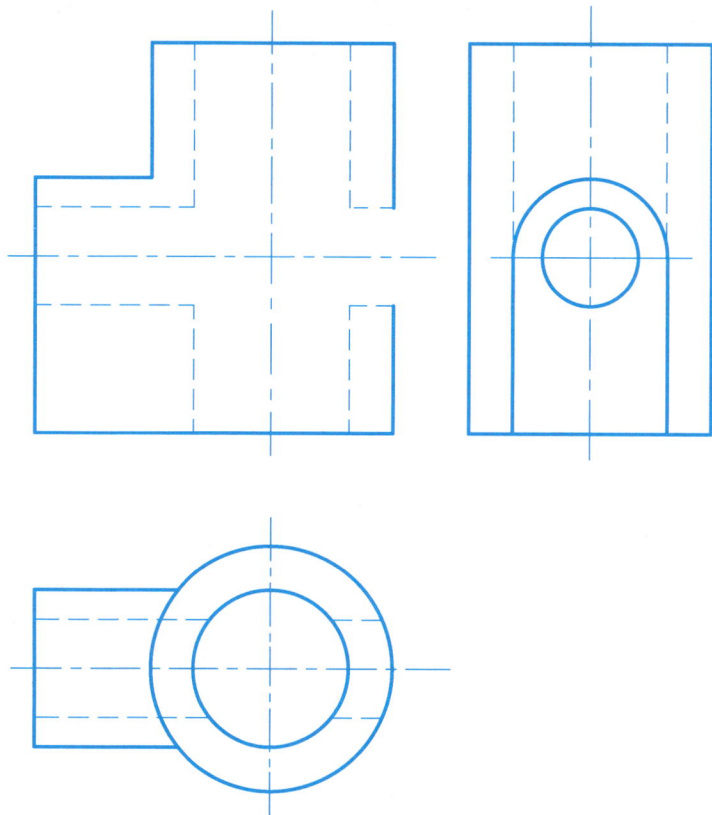

(2) 补全立体及相贯线的投影。

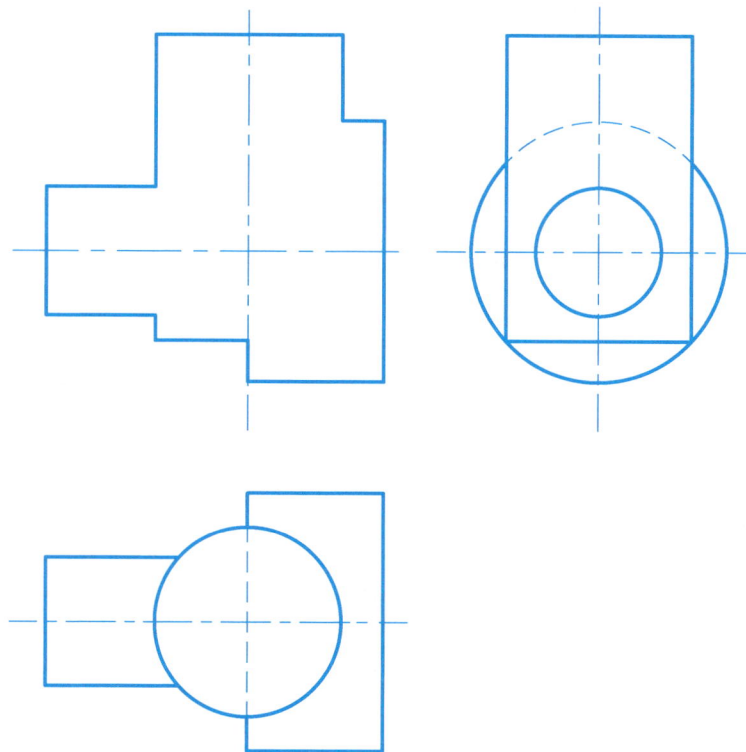

4.3 立体与立体相交

分析物体表面的相贯线，补全视图中的图线。

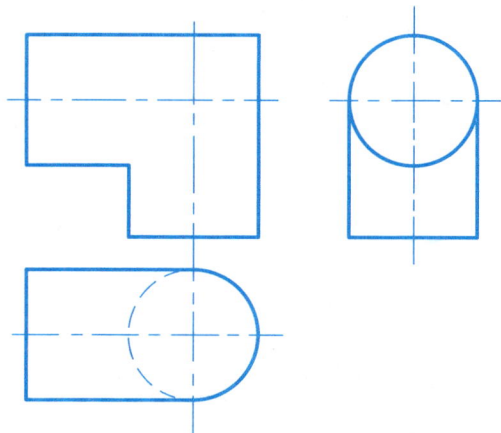

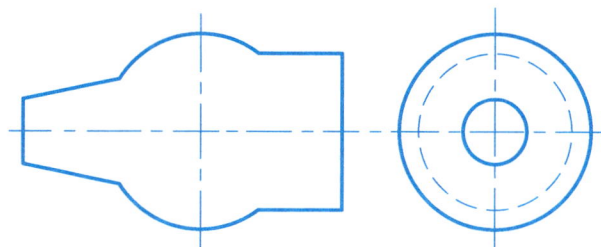

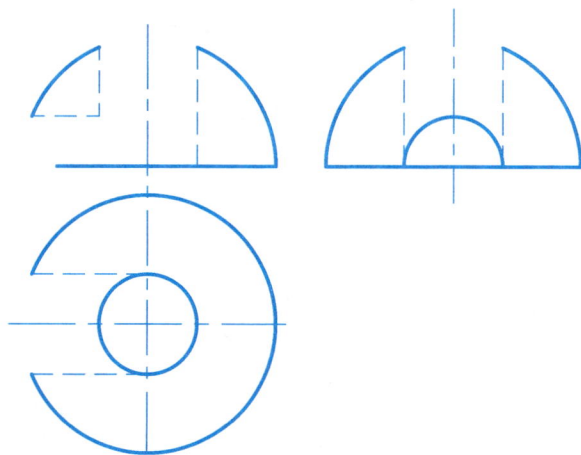

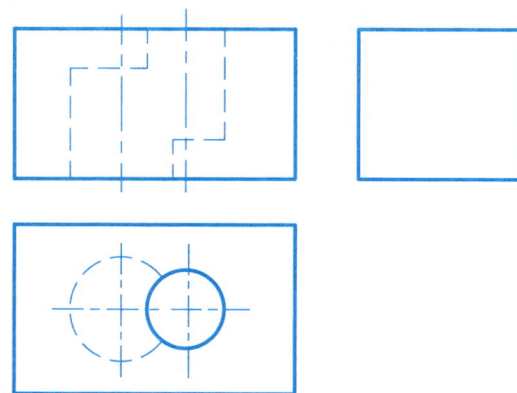

第五章　组合体的视图

作业指导

一、本章应掌握知识点

1. 组合体的形体分析

形体分析是绘制、识读、标注尺寸时最基本的思维方法。它不仅在绘制、识读组合体的视图以及标注尺寸时使用，而且贯穿本课程的始终。因此要熟练掌握、自觉运用，克服单凭直观印象进行绘图和识图的不良习惯。

形体分析法可归纳为"分"与"合"两个方面。"分"就是把组合体分解为若干个简单的几何体，对于叠加型组合体，要弄清楚是由哪几部分组成的，每一组成部分是什么形状。对于切割型组合体，要弄清切割前完整的几何体，以及逐一被切割部分的形状和位置。实际上，多数组合体既不是单一叠加型，也不是单一的切割型，可按先叠加而后切割的层次进行分析，达到分繁为简、化难为易的目的。"合"就是把各组成部分合为整体，是识读组合体视图的最后结果。

2. 组合体三视图画法

组合体的画图，除应遵循画图的基本规则和方法以外，主要是应用形体分析法。应用形体分析法画图，既可积零为整，避免多线、漏线，又可提高绘图效率。为了提高绘图速度和作图的准确性，通常应三个视图一起画。对同一形体在各视图上的同一尺寸，最好一起量出。

3. 组合体的尺寸标注

要搞清组合体尺寸标注的方法和步骤。标注尺寸时应用形体分析法，一能找准基准，二能注得齐全。在学习中多看和多分析一些常见结构尺寸注法的实例，对正确标注尺寸很有帮助。

4. 看组合体视图的方法

看组合体视图的基本方法是形体分析法和线面分析法，其中以形体分析法为主，线面分析法为辅。对于看图来说，掌握方法只是一个方向，更重要的是，应熟悉正投影规律增加对立体的感性认识和通过画图、看图的反复训练，培养空间想象能力。要在学习组合体阶段打好画图和看图的基础。

二、本章重点和难点提示

(1) 画组合体视图时，应先对所给组合体进行形体分析，搞清组合体基本组成和连接关系，找出基准线。

(2) 选择图幅、比例，绘制图框线与标题栏。

(3) 布置视图，画基准线。根据组合体的尺寸，按比例计算出各视图和所注尺寸占用的面积，以及各视图之间的间隔距离，确定基准线在图中的位置。

(4) 画底稿。用2H铅笔画各视图的底稿。按形体分析的方法，用投影对应关系依次画出组合体中各个形体的三视图，三个视图应该配合着画。一般从反映物体特征的视图开始画，分别完成组合体的三视图。

(5) 按形体分析方法画出每个形体的定位尺寸和定形尺寸线。

(6) 认真检查各视图和尺寸，擦去多余的作图线，再描深加粗各视图。画箭头，标注尺寸数字，填写标题栏。

将下列基本体用叠加或切割的方法组合成一个新的立体，并完成其三视图

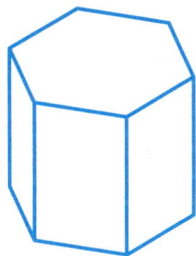

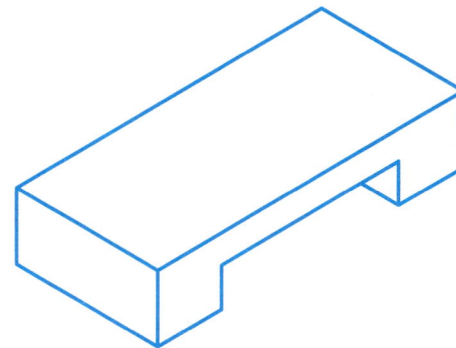

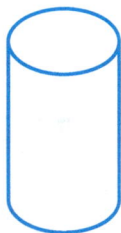

补画视图中所缺的图线

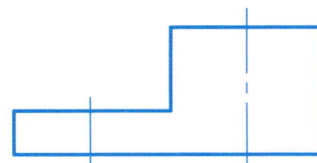

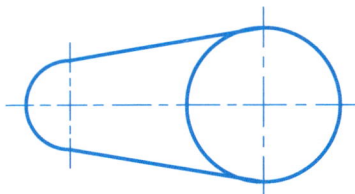

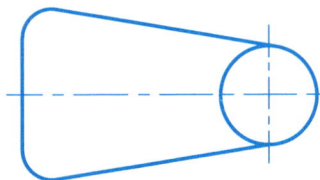

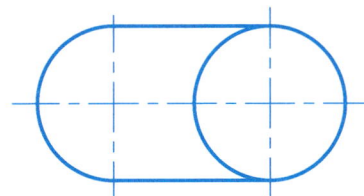

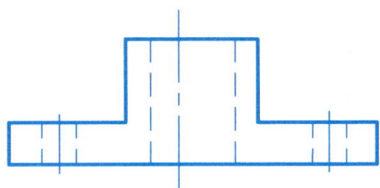

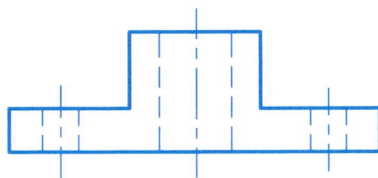

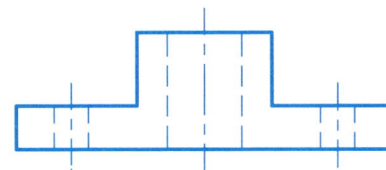

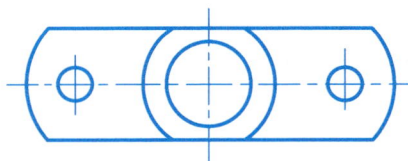

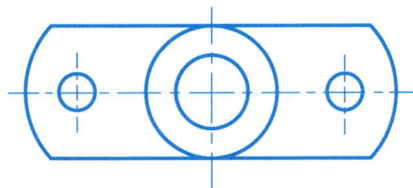

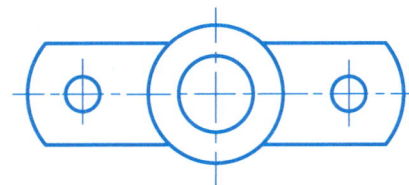

5.2 组合体视图的画法

根据立体图补画第三视图。

(1)

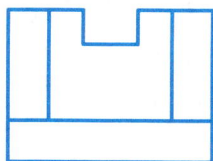
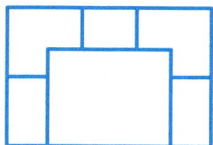
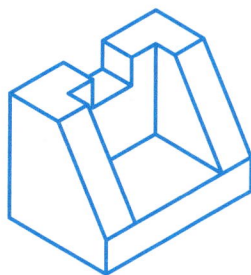

(2)

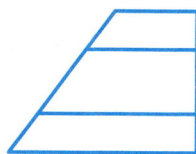

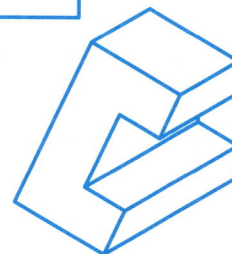

(3)

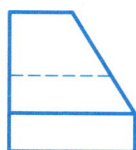
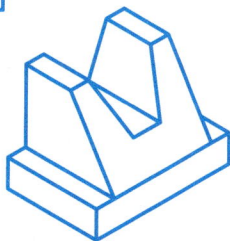

(4)

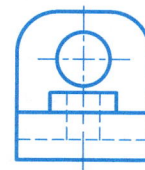
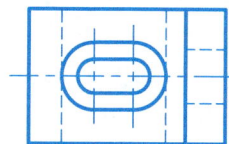

5.2 组合体视图的画法

根据轴测图，画出组合体的三视图（1:1）。

(1)

(2)

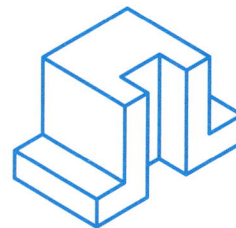

(3)

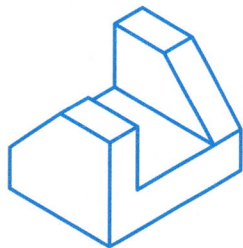

(4)

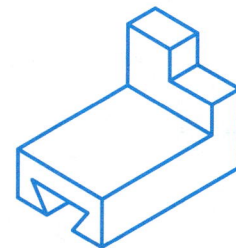

5.2 组合体视图的画法

根据轴测图，画出组合体的三视图（1:1）。

(1)

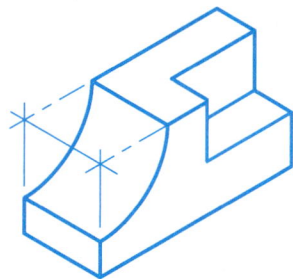

(2)

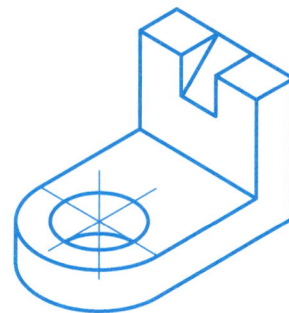

(3)

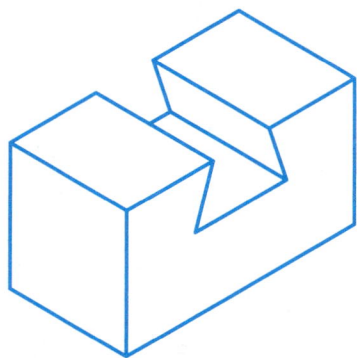

(4)

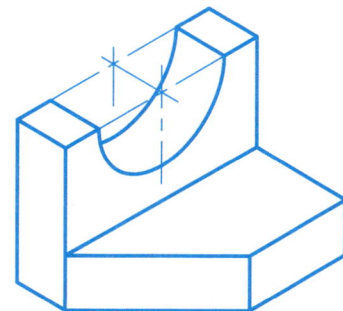

5.2 组合体视图的画法

根据轴测图，画出组合体的三视图 (1 : 1)。

(1)

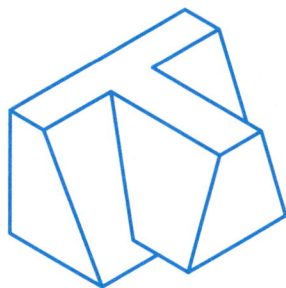

(2)

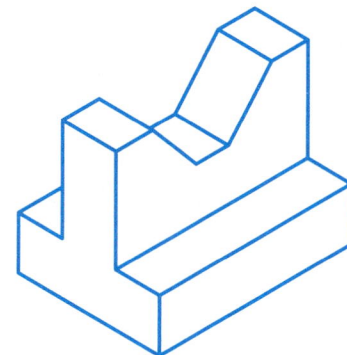

(3)

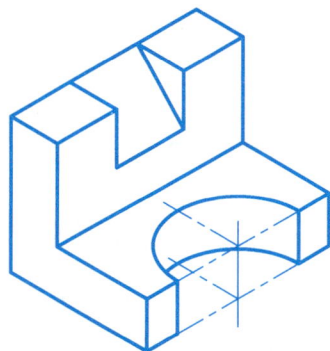

(4)

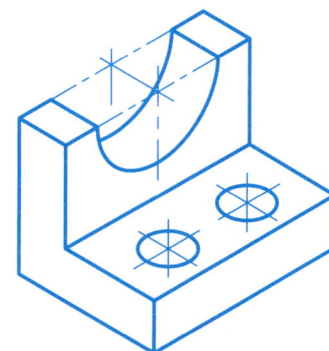

5.2 组合体视图的画法

根据轴测图，画出组合体的三视图 (1:1)。

(1)

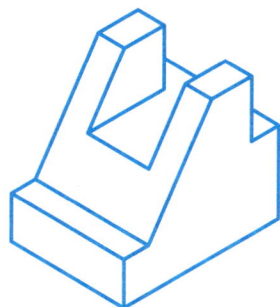

(2)

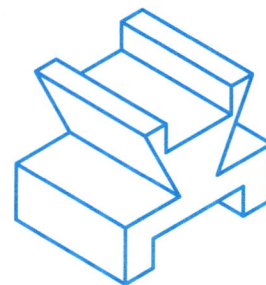

(3)

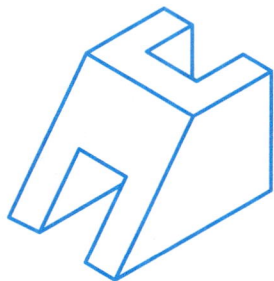

(4)

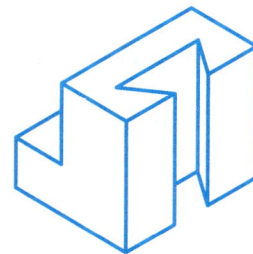

指出图中错误、多余或重复尺寸（打×），并补出漏画尺寸（不注尺寸数字）。

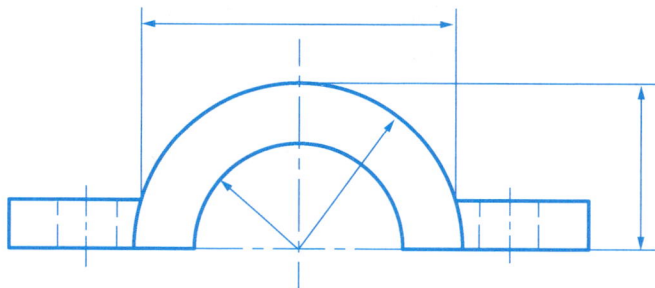

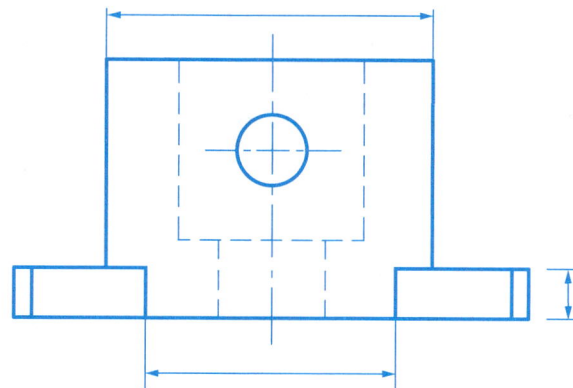

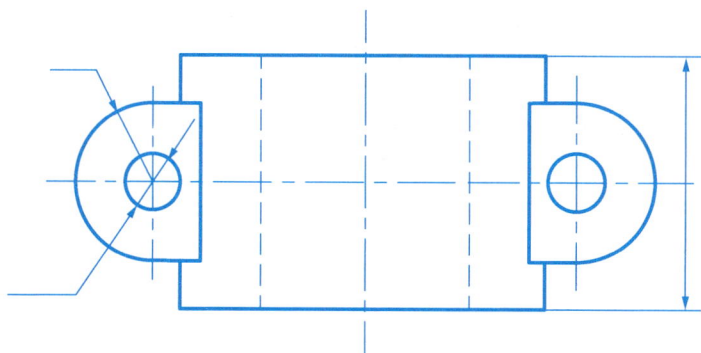

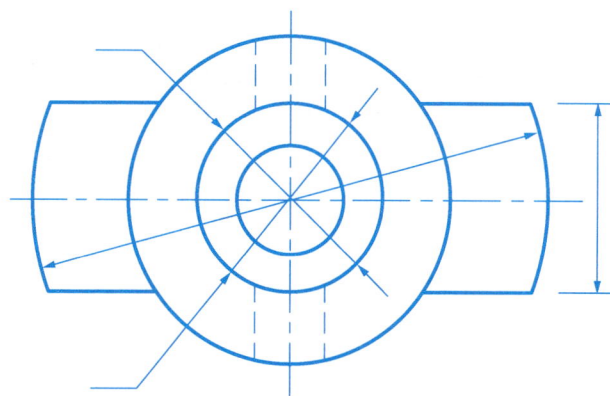

指出图中错误、多余或重复尺寸（打×），并补出漏画尺寸（不注尺寸数字）。

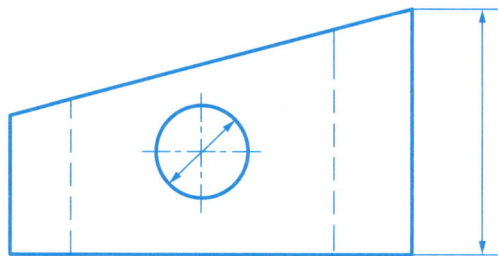

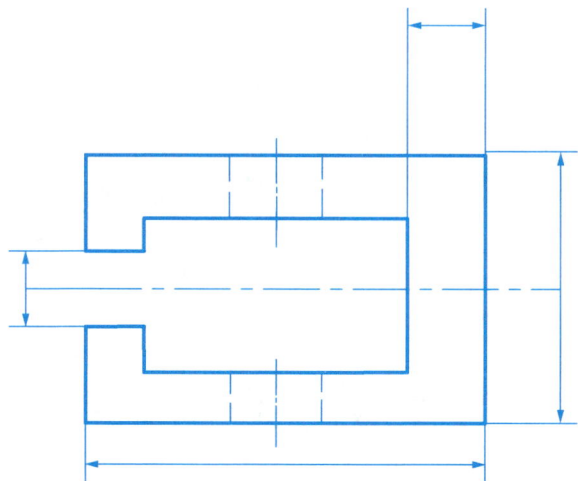

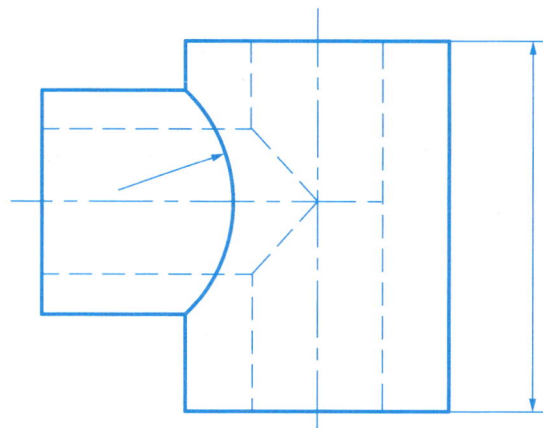

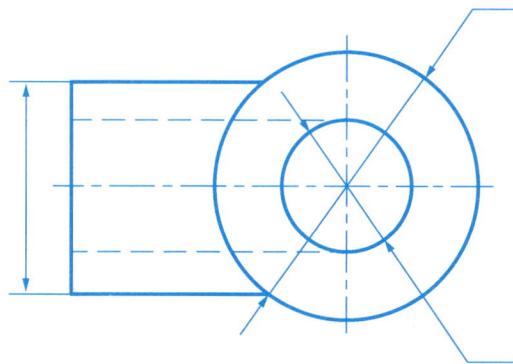

班级　　　　学号　　　　姓名　　　　72

5.3 组合体的尺寸标注

标注组合体视图中的尺寸（按1:1取整数）。

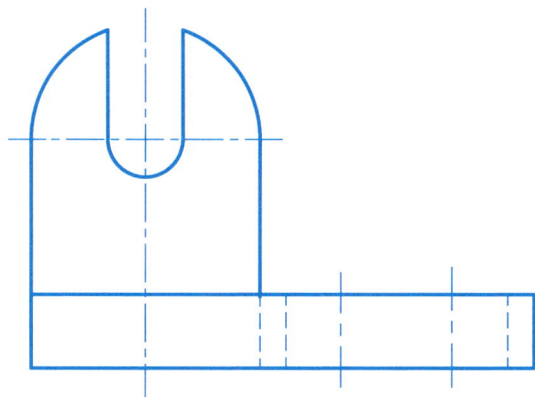

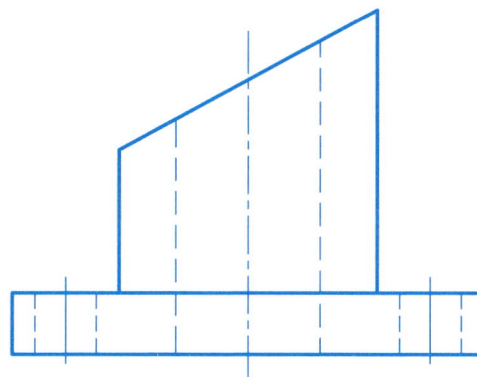

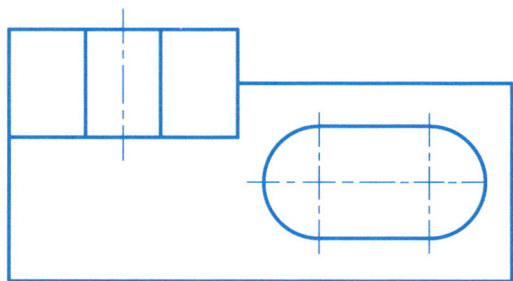

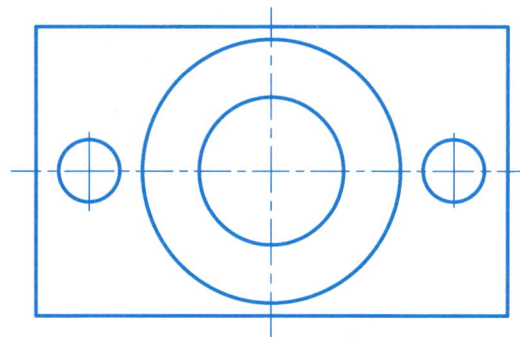

5.4 看组合体视图

根据主视图，构思四种不同形状的物体，并画出其俯视图。

(1)

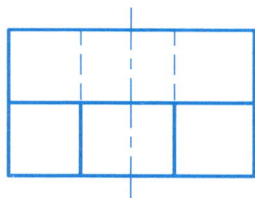 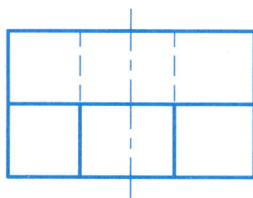 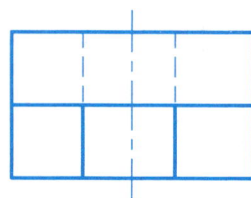 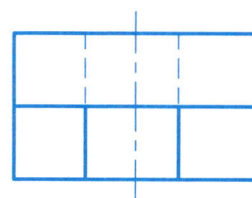

(2)

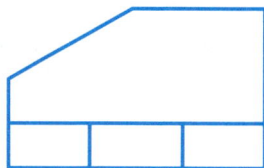 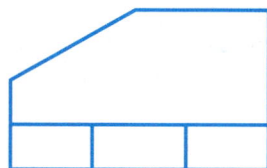 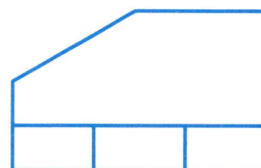 

5.4 看组合体视图

根据主、俯视图，构思三种不同形状的物体，并画出其左视图。

(1)

  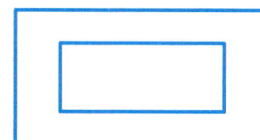

(2)

班级　　　　　　学号　　　　　　姓名　　　　　75

根据已知两视图，补画第三视图。

(1)

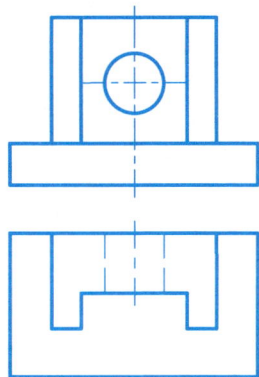

(2)

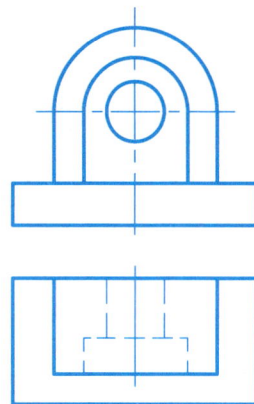

(3)

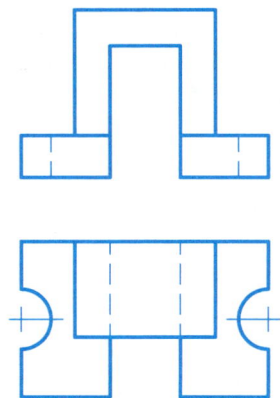

(4)

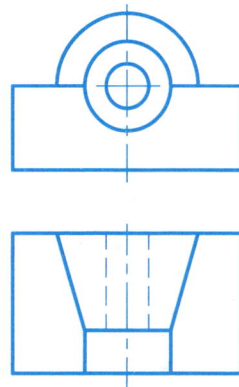

5.4 看组合体视图

根据已知两视图，补画第三视图。

(1)

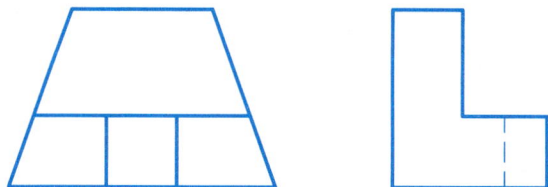

(2)

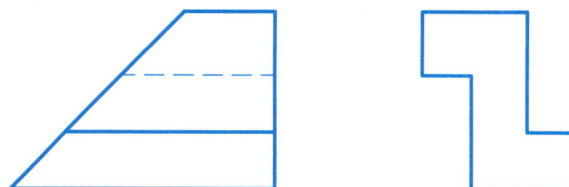

(3)

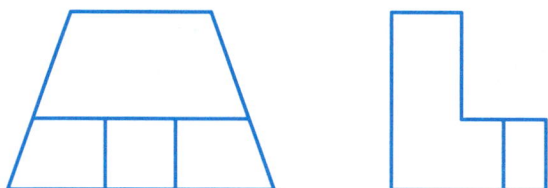

(4)

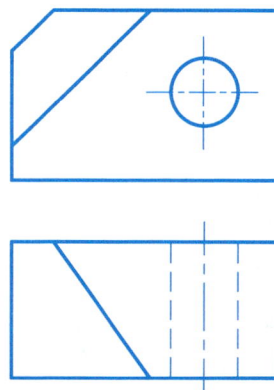

5.4 看组合体视图

补画视图中漏画的图线。

(1)

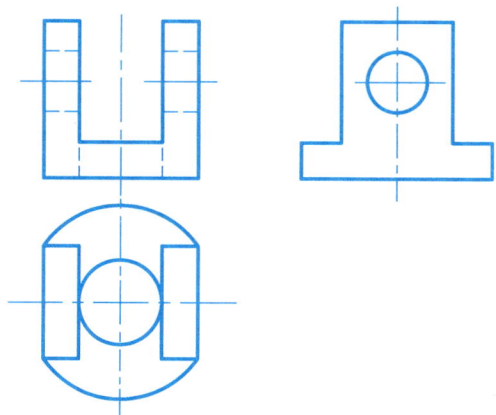

(2)

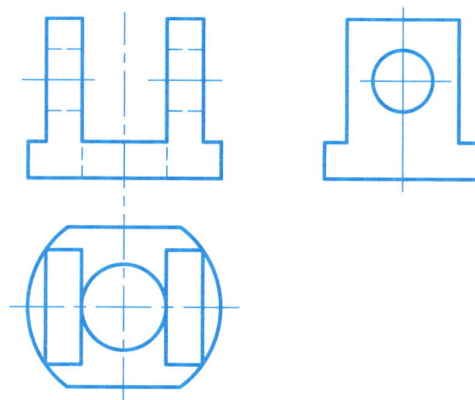

(3)

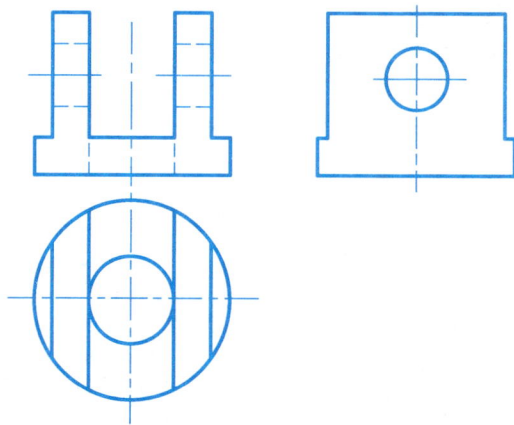

(4)

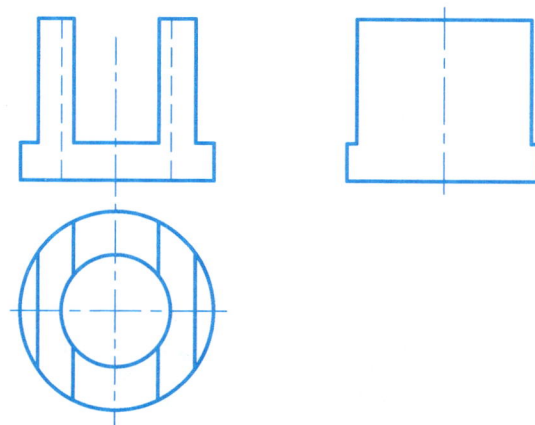

5.4 看组合体视图

补画视图中漏画的图线。

(1)

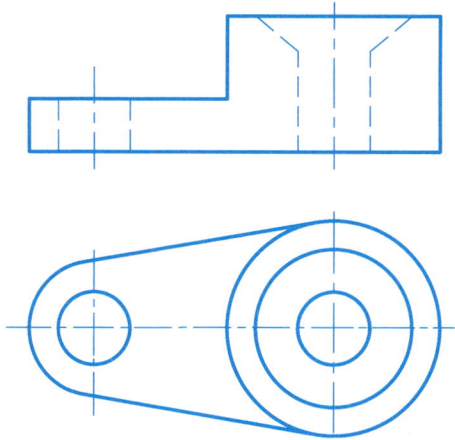

(2)

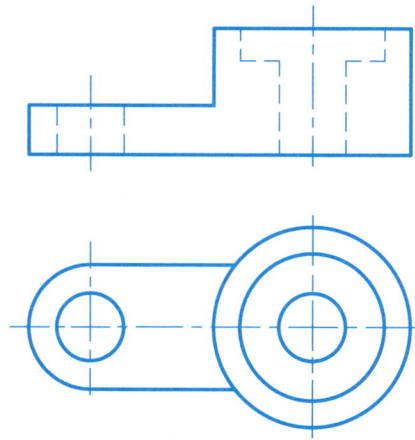

(3)

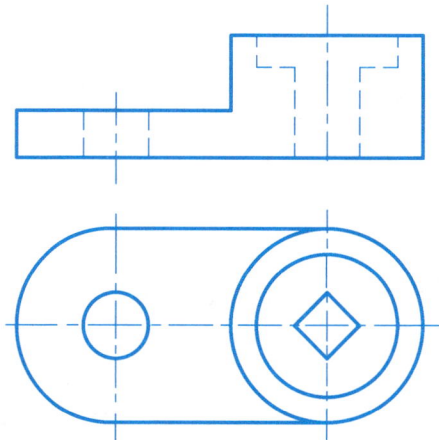

(4)

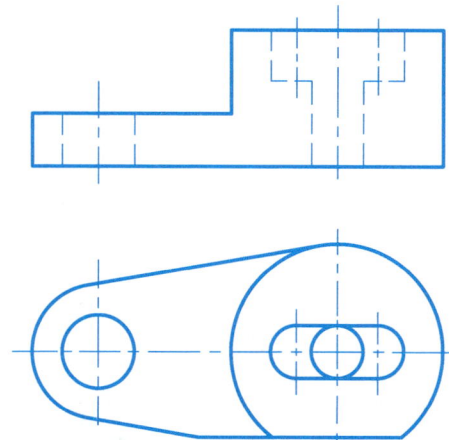

补画视图中漏画的图线。

(1)

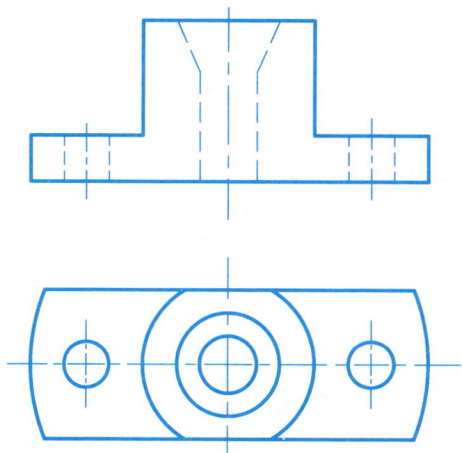

(2)

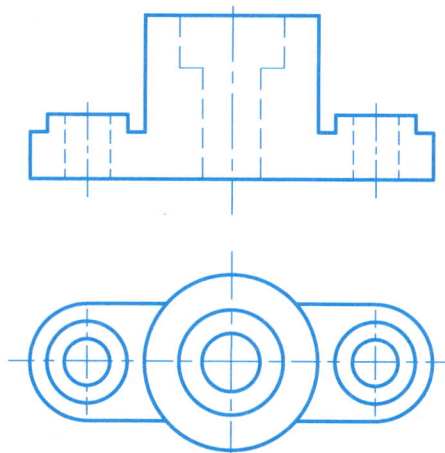

(3)

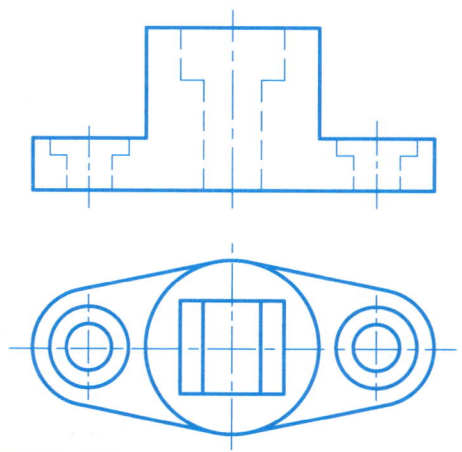

(4)

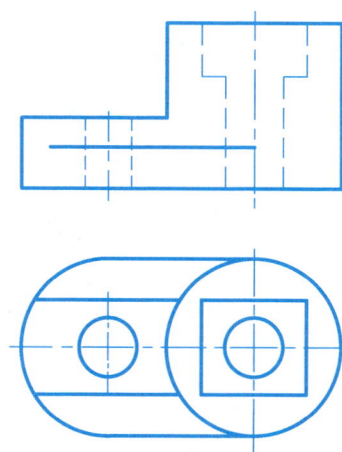

5.4 看组合体视图

根据已知两视图，补画第三视图。

(1)

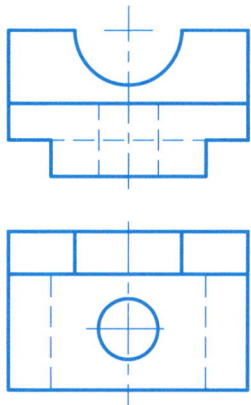

(2)

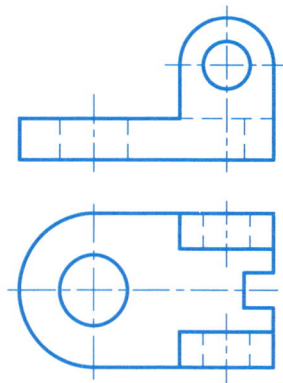

(3)

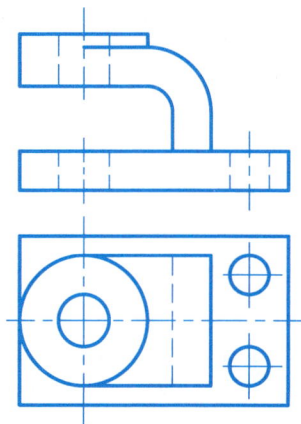

(4)

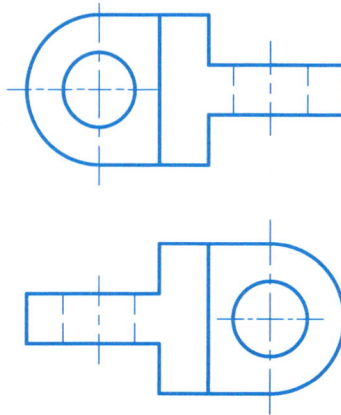

5.4 看组合体视图

根据已知两视图，补画第三视图。

(1)

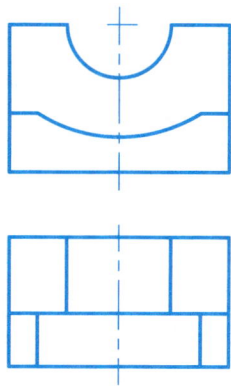

(2)

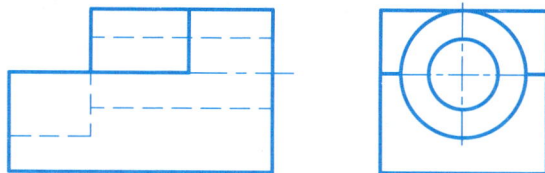

(3)

(4)

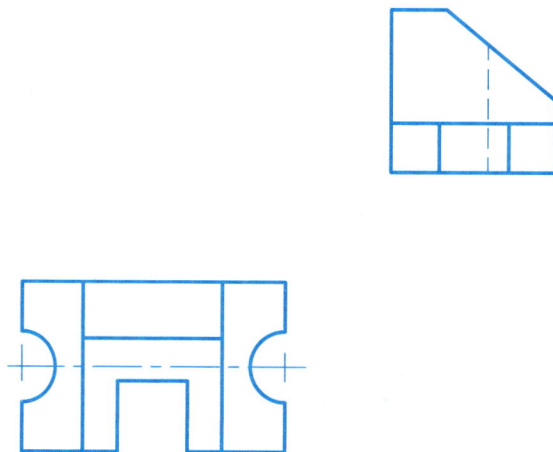

根据已知两视图，补画第三视图。

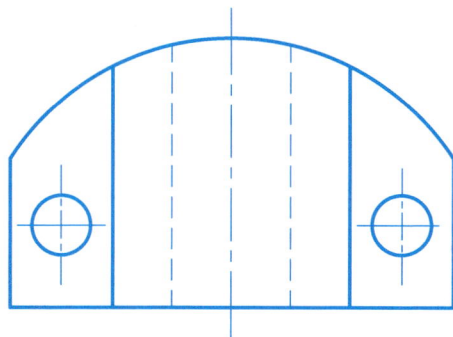

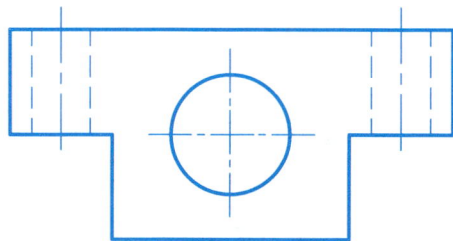

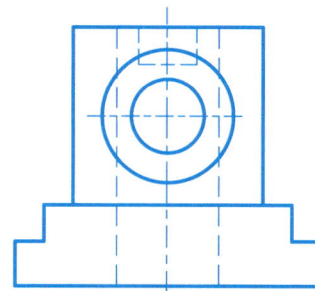

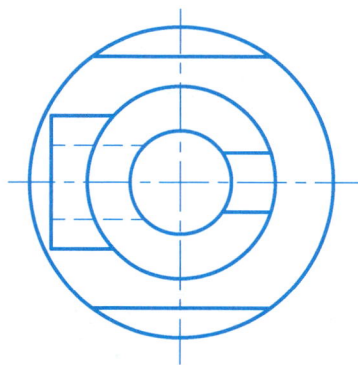

5.4 看组合体视图

根据已知两视图，补画第三视图。

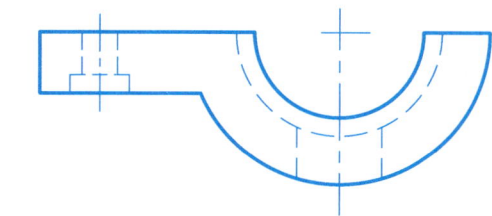

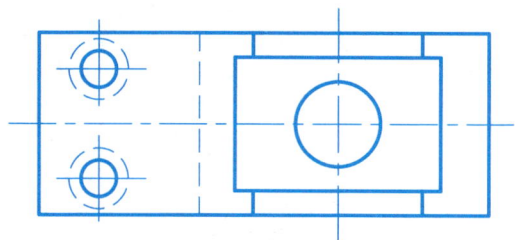

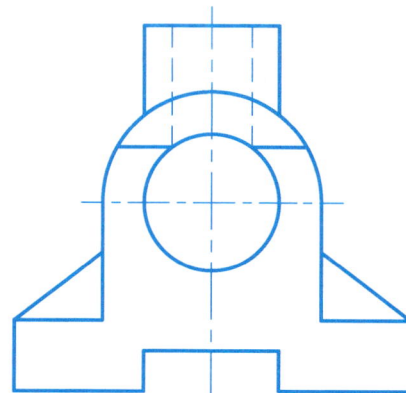

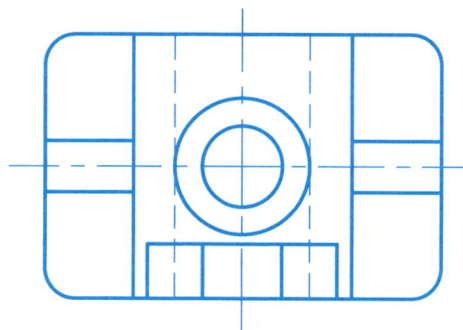

5.5 轴测图

根据组合体视图，作正等测轴测图。尺寸在投影图中量取。

（1）

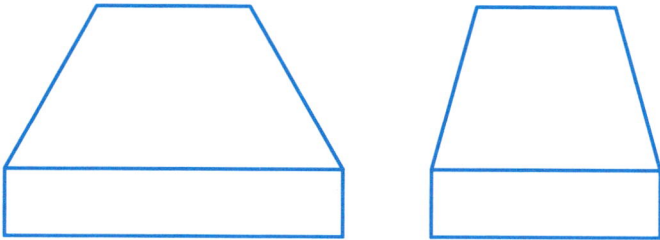

（2）

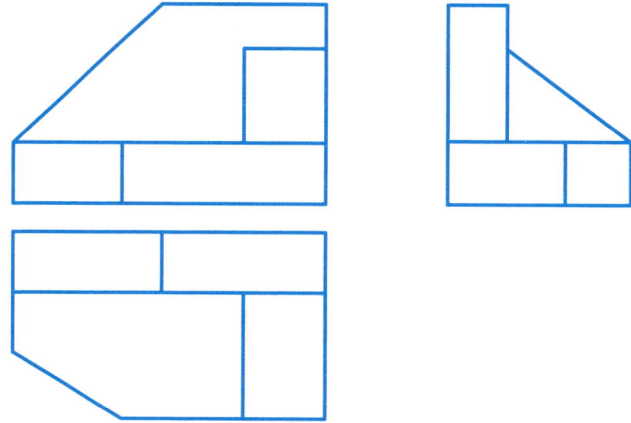

5.5 轴测图

根据组合体两视图，补画测视图，再作正等测轴测图。尺寸在投影图中量取。

(1)

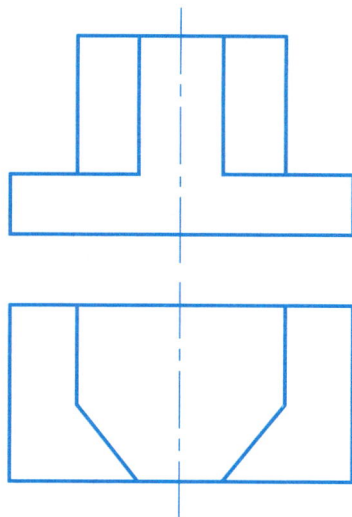

(2)

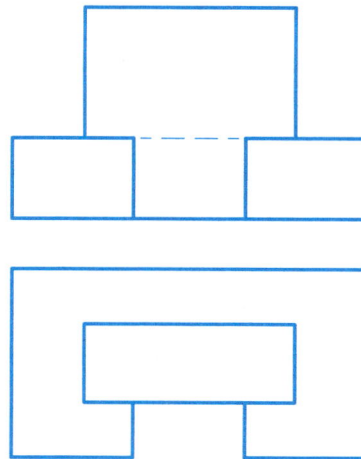

5.5 轴测图

根据组合体视图，作正等测轴测图。尺寸在投影图中量取。

(1)

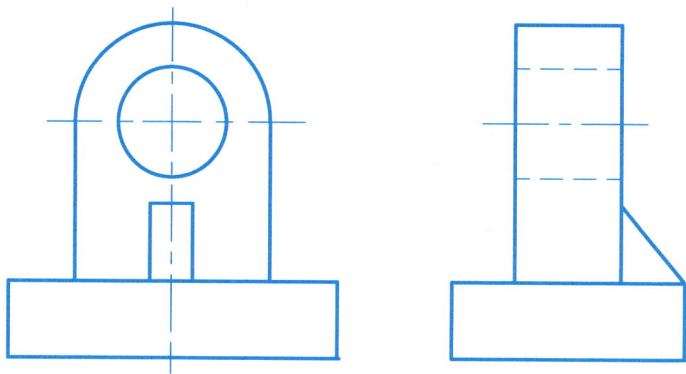

(2)

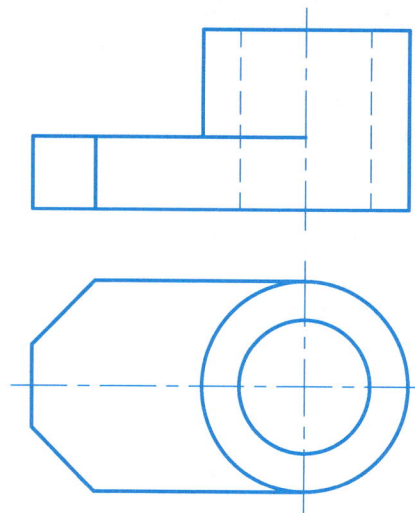

5.5 轴测图

根据组合体两视图，作斜二测轴测图。尺寸在投影图中量取。

(1)

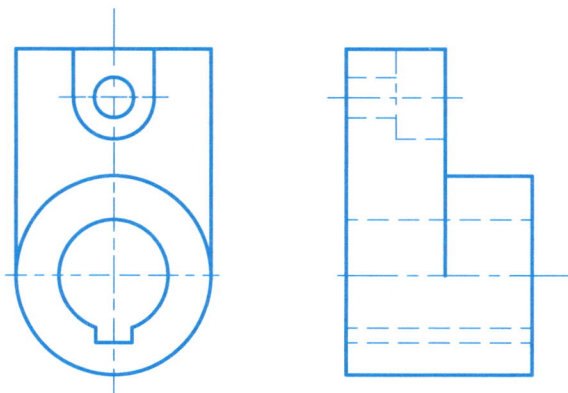

(2)

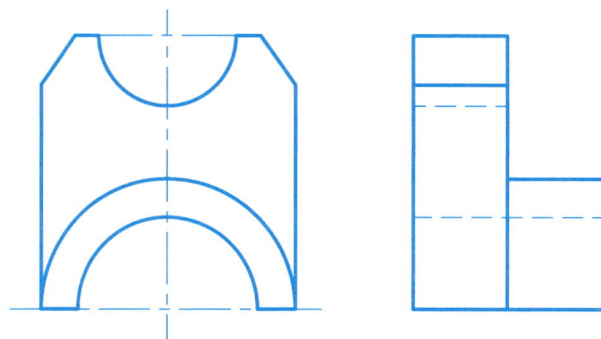

5.5 轴测图

根据组合体两视图，作斜二测轴测图。尺寸在投影图中量取。

(1)

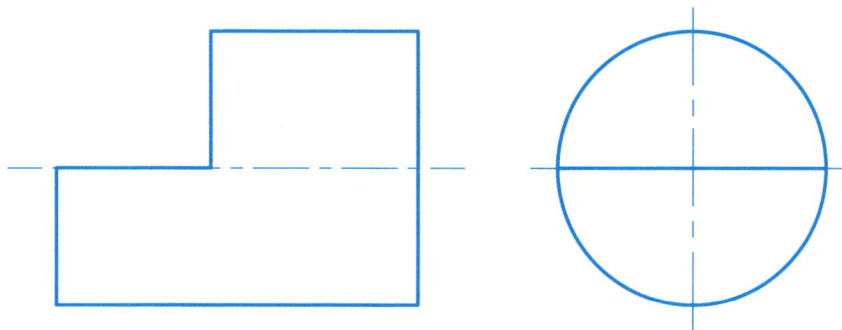

(2)

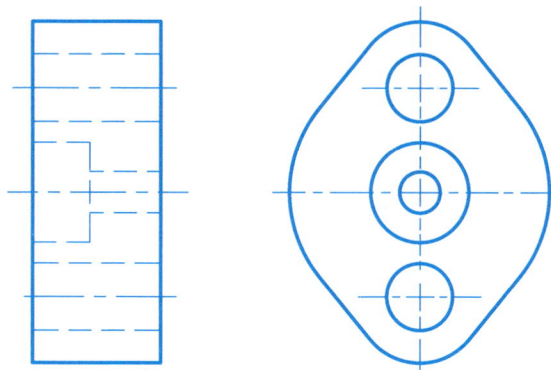

5.6　AutoCAD 的文字及尺寸标注

用 1∶1 的比例抄画下图，并标注尺寸。

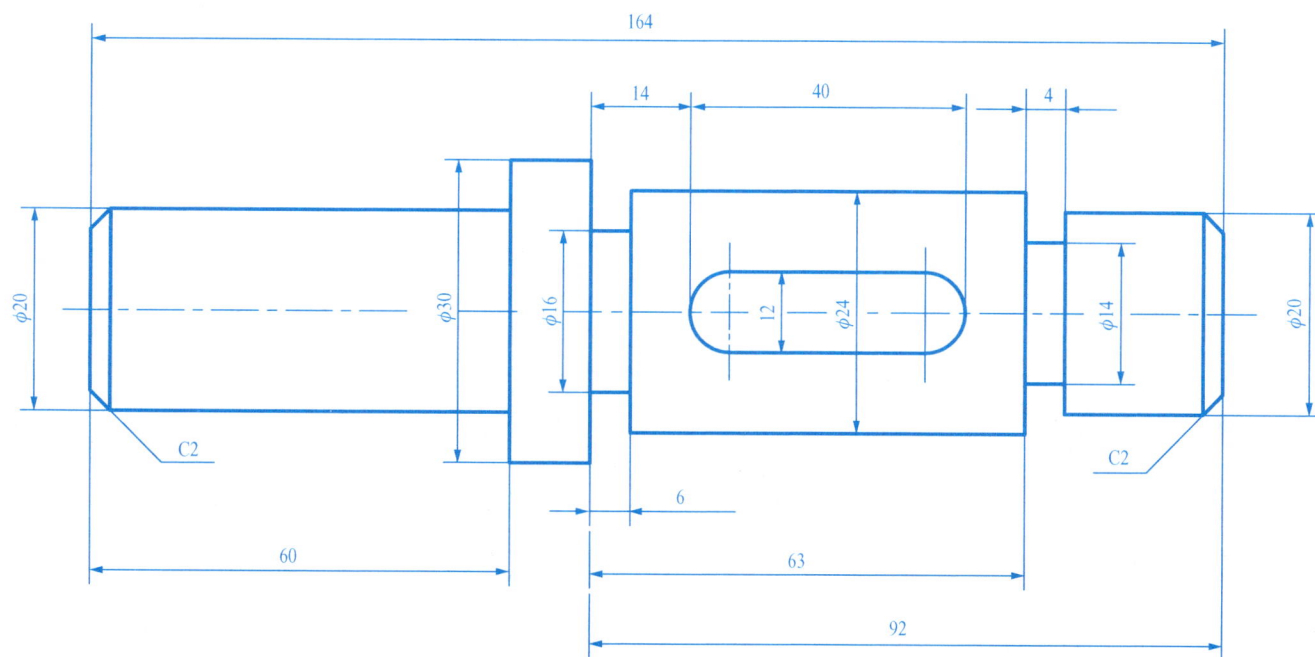

根据直观图在 A3 图幅画物体三视图并完成尺寸标注，比例自定。

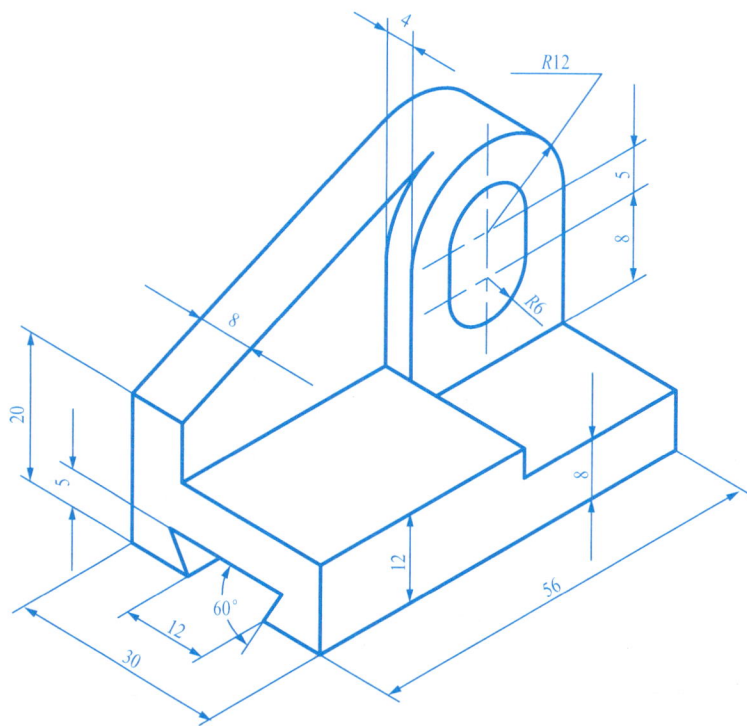

根据直观图在 A3 图幅画物体三视图并完成尺寸标注，比例自定。

5.6 AutoCAD 的文字及尺寸标注

根据直观图在 A3 图幅画物体三视图并完成尺寸标注，比例自定。

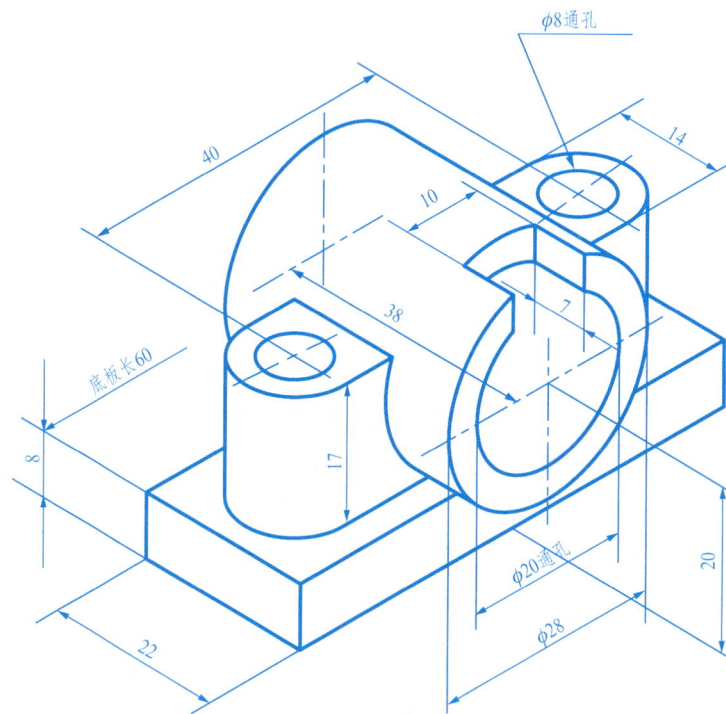

根据直观图在 A3 图幅画物体三视图并完成尺寸标注，比例自定

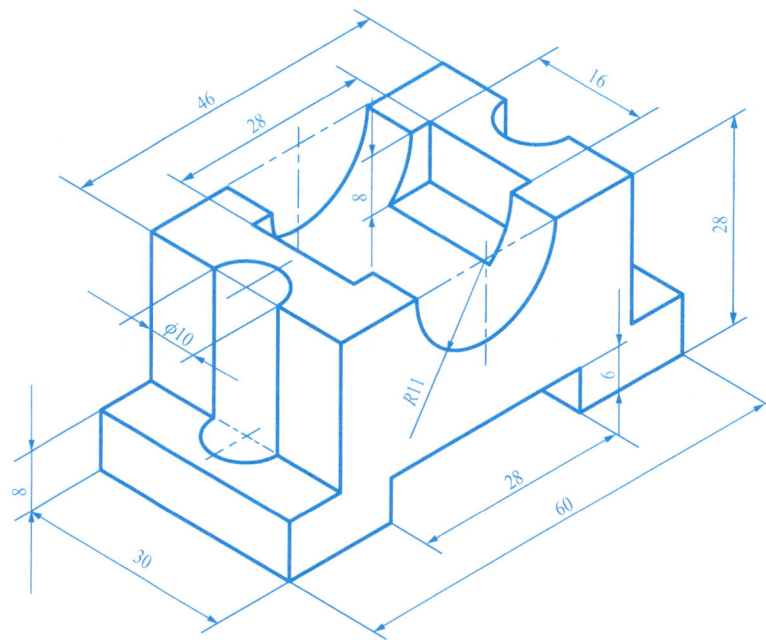

第六章　物体常用的表达方法

作业指导

一、本章应掌握知识点

(1) 理解视图、剖视图、断面图的概念，掌握视图、剖视图、断面图的画法、标注和读图方法。

(2) 掌握各种视图、剖视图、断面图的使用条件，熟悉常用的规定画法和简化画法。

(3) 会选用恰当的视图表达方案，比较完整、清晰地表达机件的形状结构。

二、本章重点和难点提示

(1) 视图的表达：要很好地理解由于表达机件形状的需要，由三视图扩展到六面基本视图，而视图关系仍然是"三等"。要区分斜视图和局部视图的异同，要清楚由基本视图、向视图、斜视图和局部视图构成表达机件外形的一套方法。在实际画图和识图中，应该培养综合运用各种视图来表达机件外形的能力，学会在多种视图中，经过比较，选择最佳的表达方案。这部分内容的学习，是本课程学习的转折，即为表达机件外形，应选择合适的一组视图。一组视图可以是一个图、两个图或更多图，防止千篇一律都用三视图。视图的主要作用是表达机件的外部结构形状，要搞清每种视图的作用、画法及标注。

(2) 剖视图的表达：学习中要了解为什么要剖视，深刻理解剖视图的概念。概念清楚了，再熟悉规定，学好剖视图将是顺利的。学习中还要知道剖视图的种类和剖切方法不同的概念。弄清每种剖视图的作用、画法、标注及剖切位置选择。

(3) 断面图的表达：要清楚断面图与剖视图的区别，要知道画断面图中的特殊规定画法，搞清移出剖面和重合剖面的画法及标注。

(4) 机件表达方法的综合运用

1) 基本表达方法的作用：视图主要用于表达机件的外形；剖视图主要用于表达机件的内部形状；断面图主要用于表达机件的断面形状；其他表达方法主要用于表达机件上的特殊结构。

2) 视图选择原则：总体来说，就是掌握简单、量少、清晰、完整、便于识图的原则，多多分析比较，以选择一组最佳的表达方案。

3) 视图选择方法步骤：要很好地理解方案的含义和比较方法，掌握从方案比较到确定最佳表达方案的方法。

4) 识图练习：应在实践中，多识图、多分析、多比较，以形成自己的识图方法和习惯。

根据主、俯、左三视图，补画右、后、仰三视图。

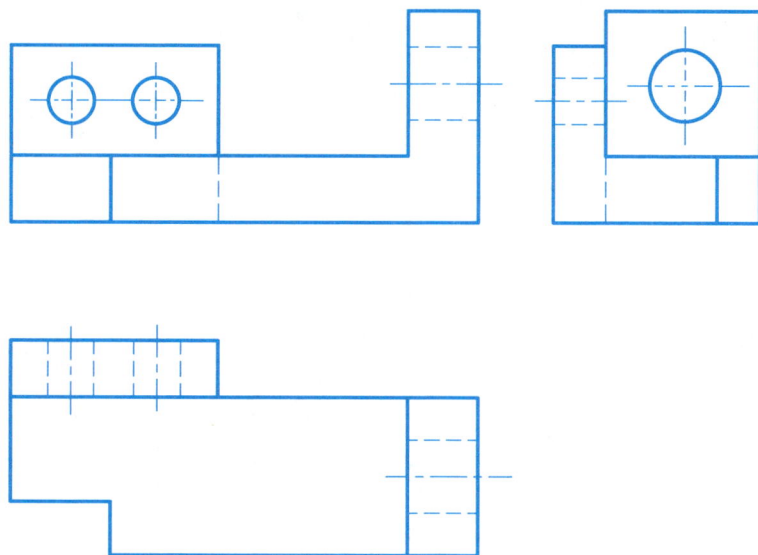

作 A 向局部视图和 B 向斜视图。

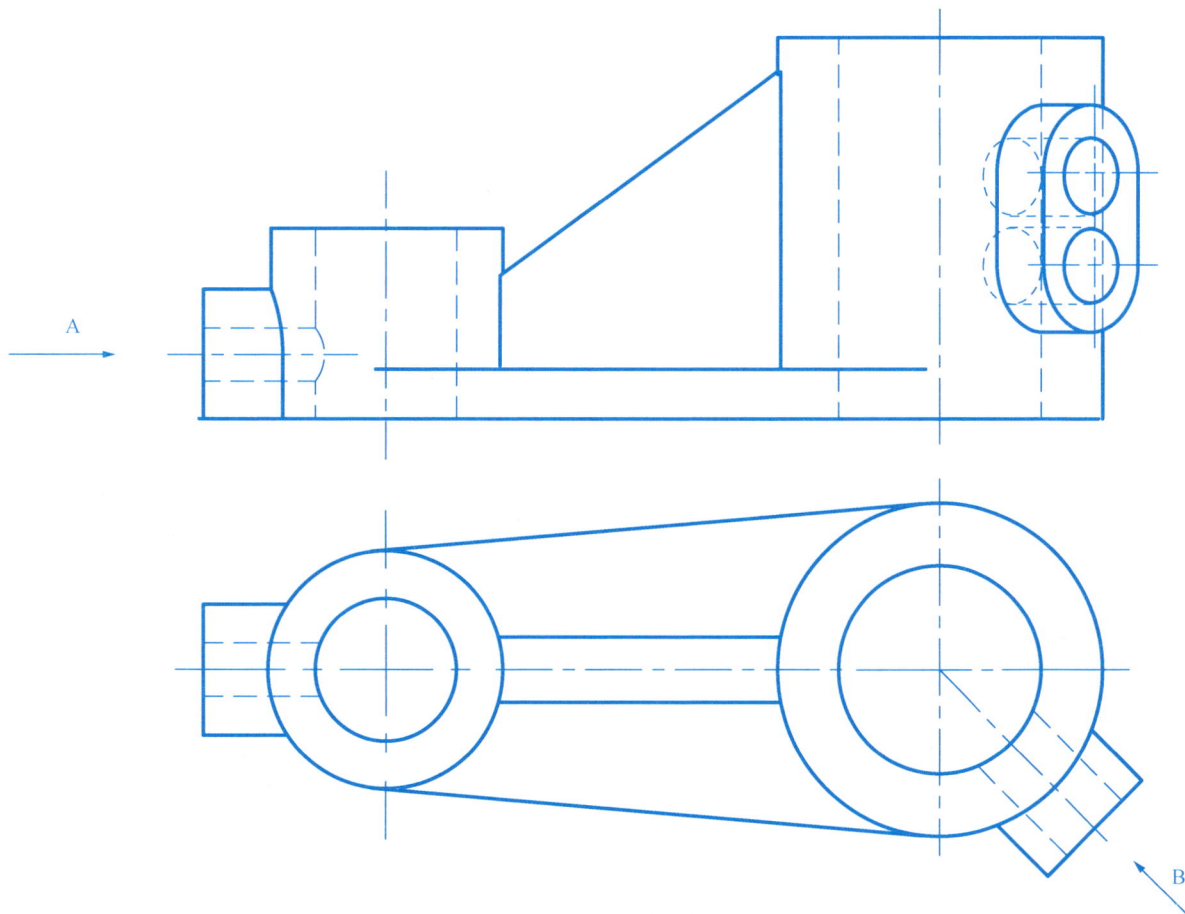

A

B

根据已知视图，补画出三个向视图。

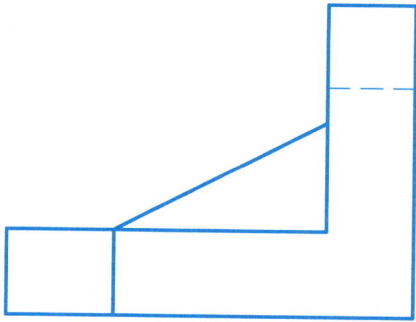

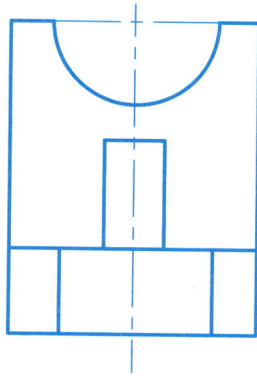

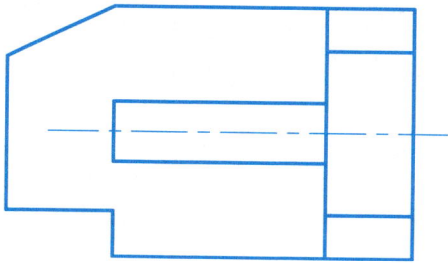

6.1 视图

根据主视图和轴测图，补画局部视图和斜视图（比例1：1）。

(1)

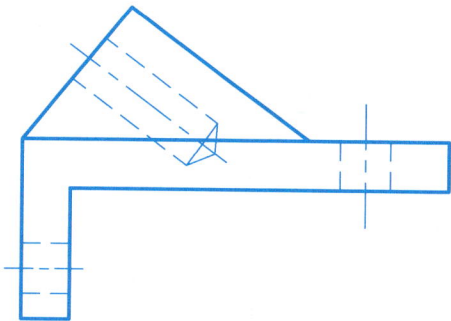

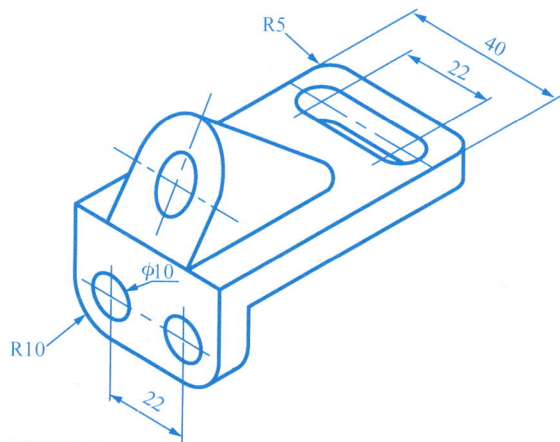

(2)

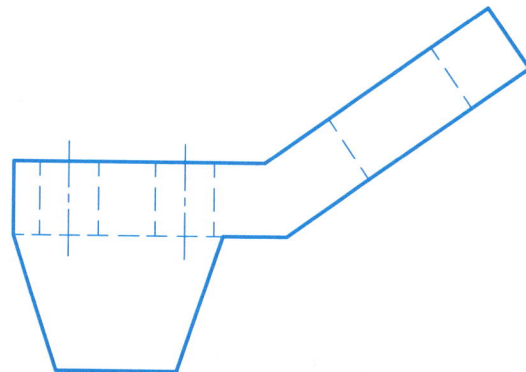

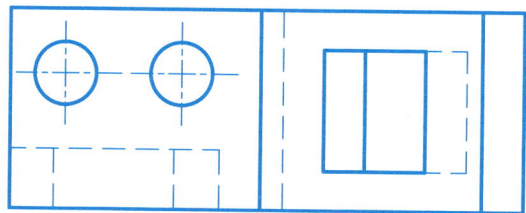

6.2 剖视图（补全下列剖视图中的漏线。）

(1)

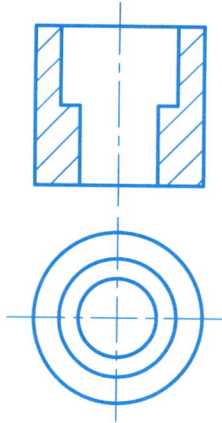

(2)

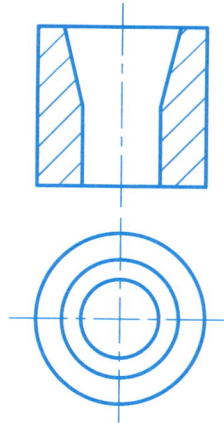

(3)

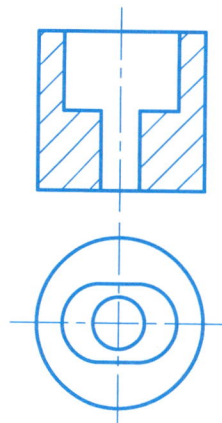

(4)

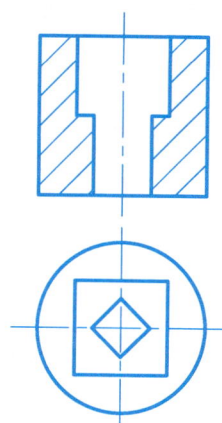

(5)

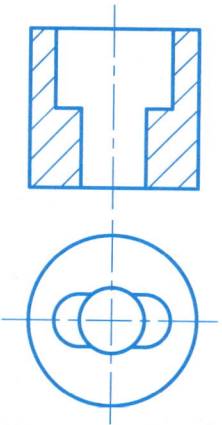

(6)

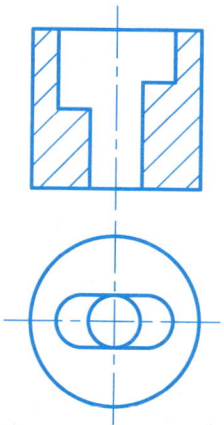

(7)

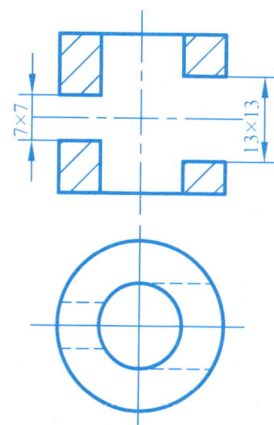

(8)

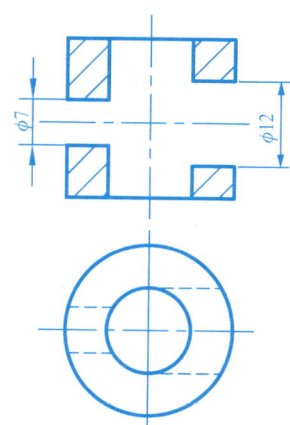

班级　　　　　学号　　　　　姓名　　　　　100

补全主视图中的漏线。

(1)

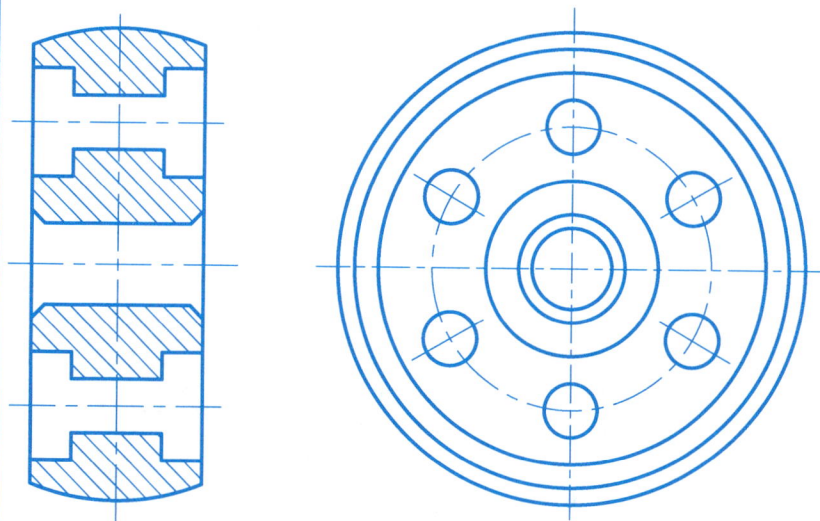

(2)

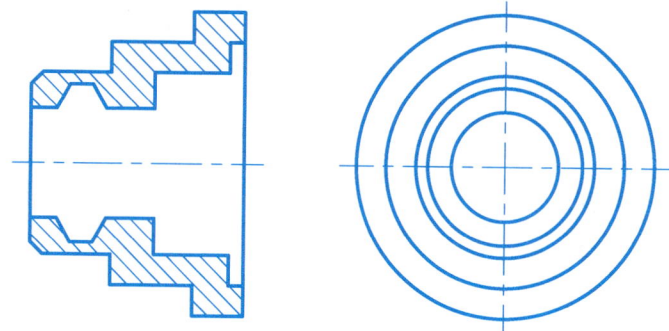

(3)

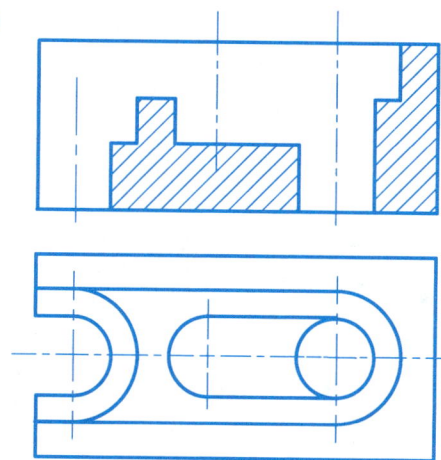

6.2　剖视图（将主视图改画成全剖视图。）

(1)

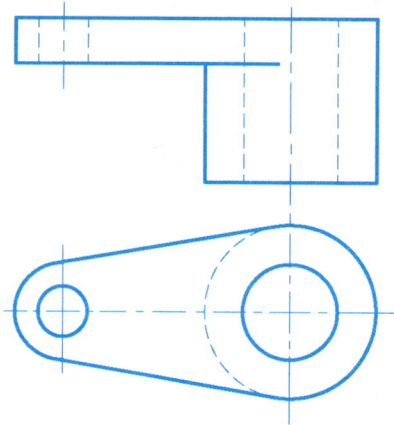

(2)

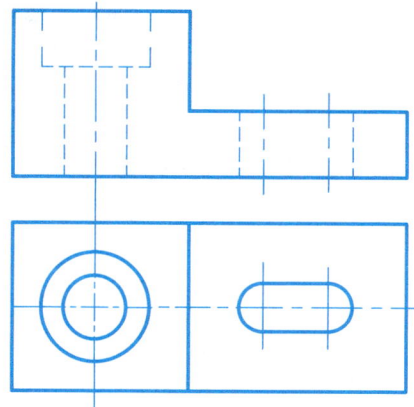

(3)

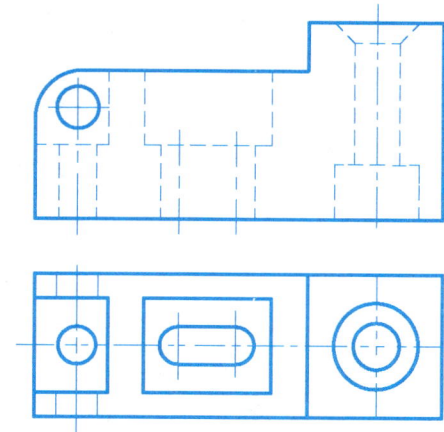

(4)

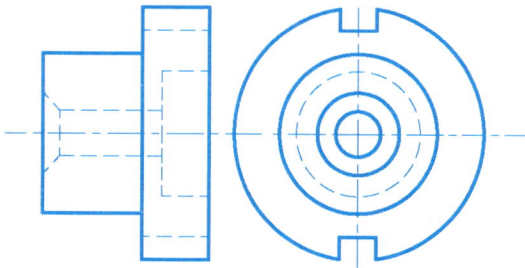

(5)

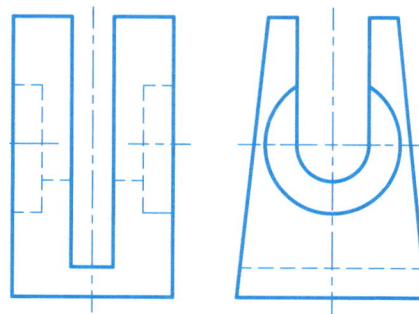

(6)

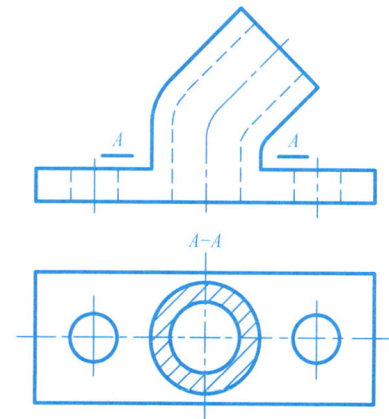

6.2 剖视图

将主视图改画成全剖视图（画在细线框内）。

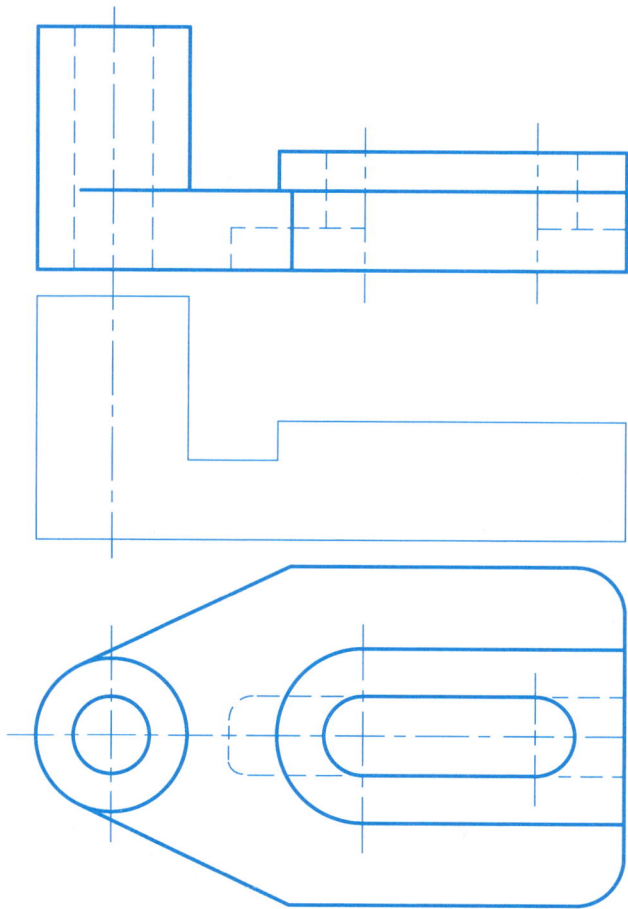

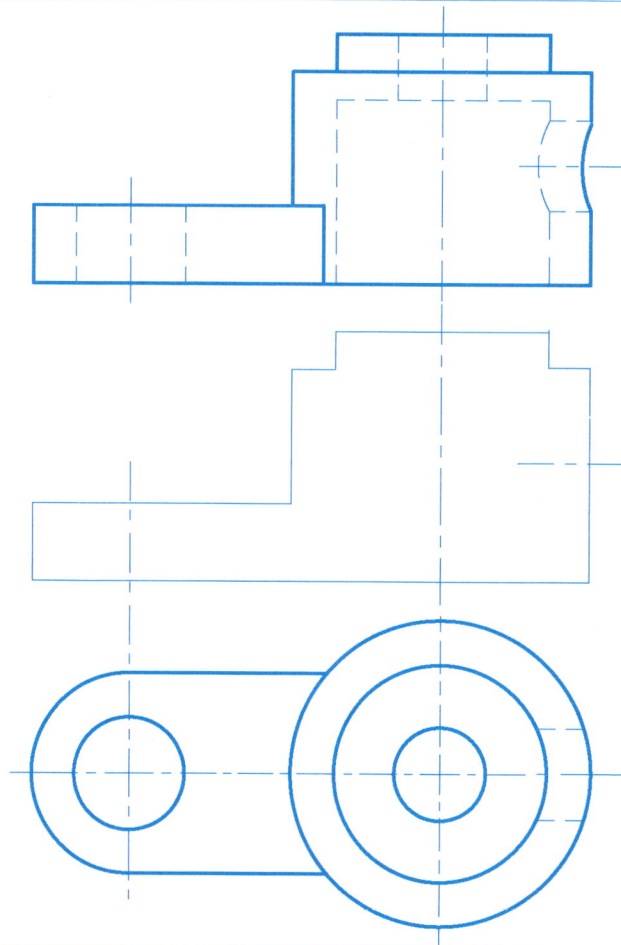

班级　　　　　学号　　　　　姓名

6.2 剖视图

将主视图改画成半剖视图（画在细线框内）。

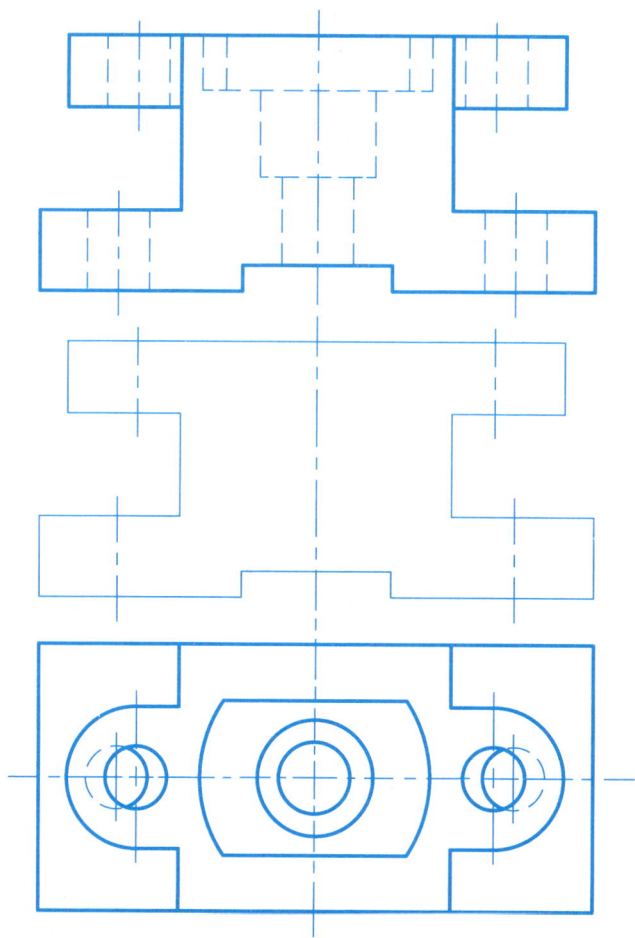

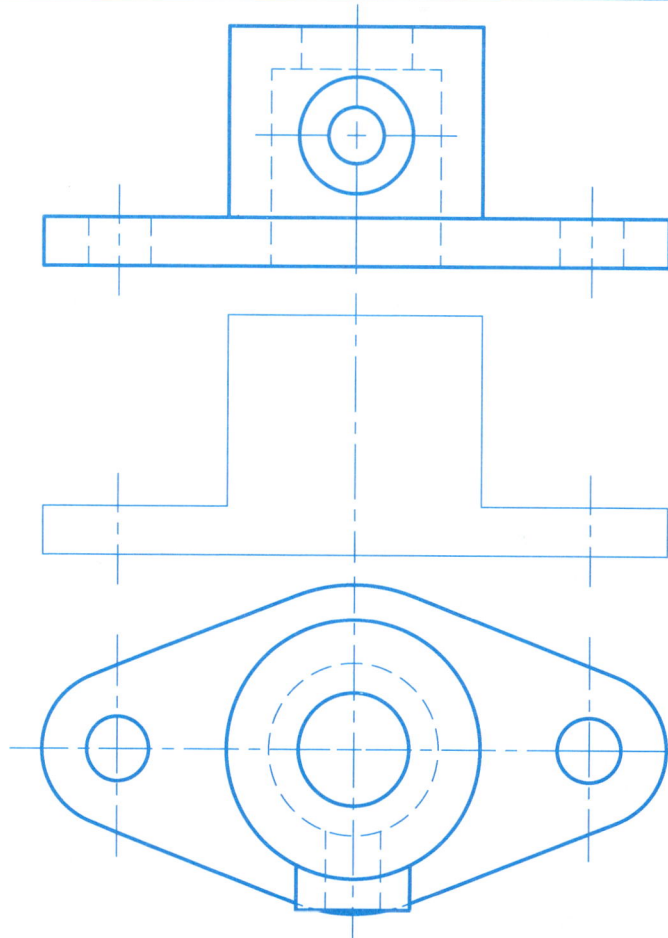

将主视图改画成半剖视图（画在细线框内）。

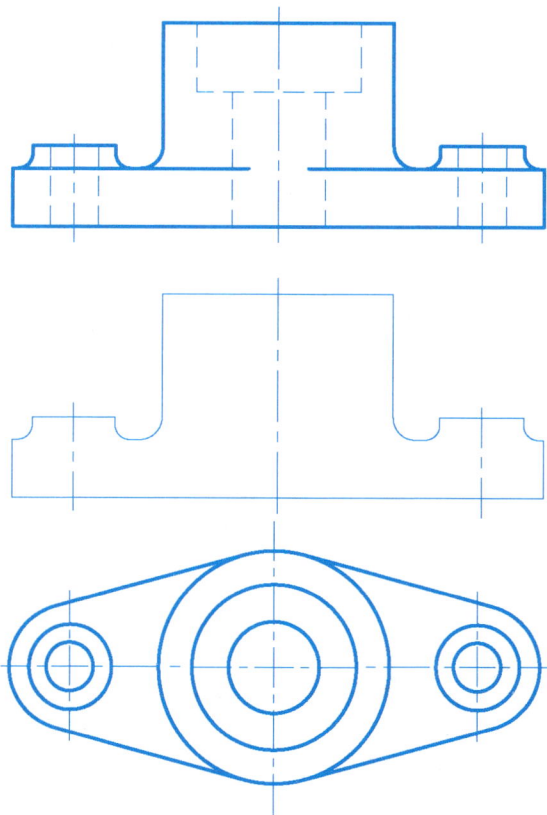

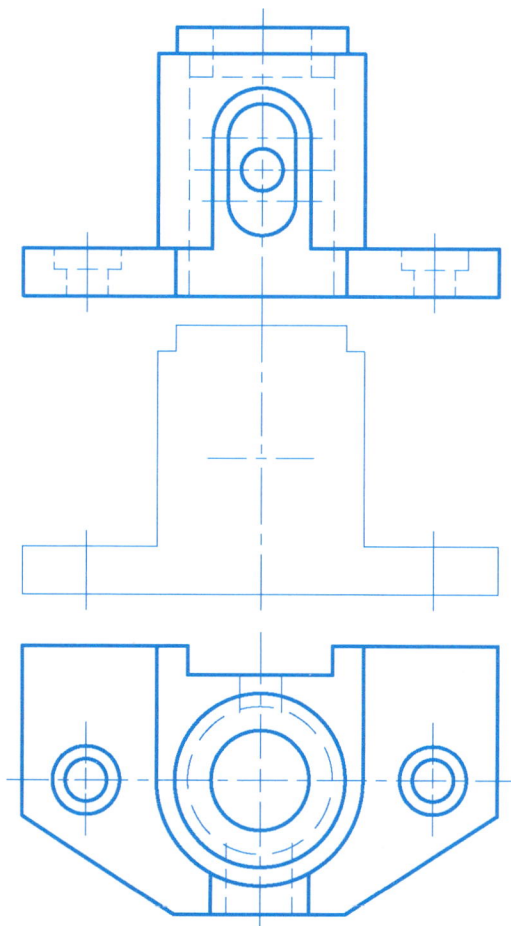

6.2 剖视图

(1) 分析视图中的错误，在右边作出正确的局部剖视图。

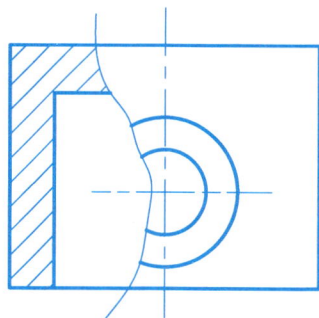

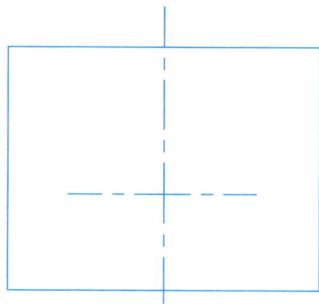

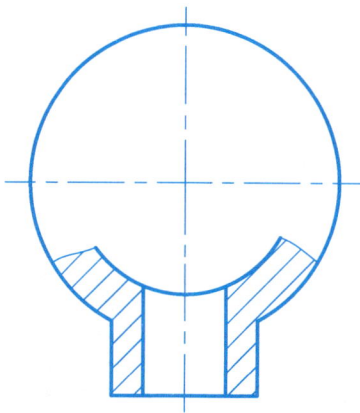

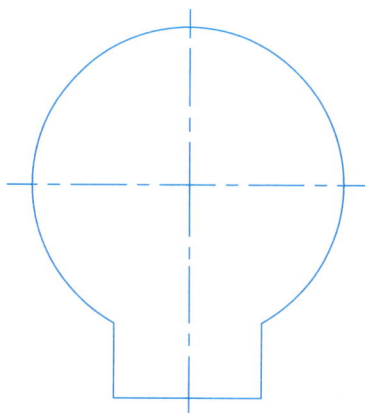

(2) 将主视图画成局部剖视图。

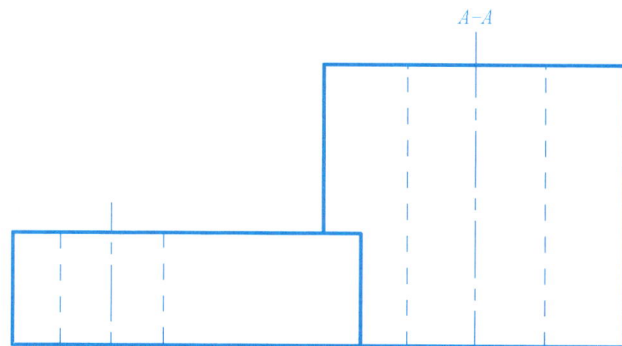

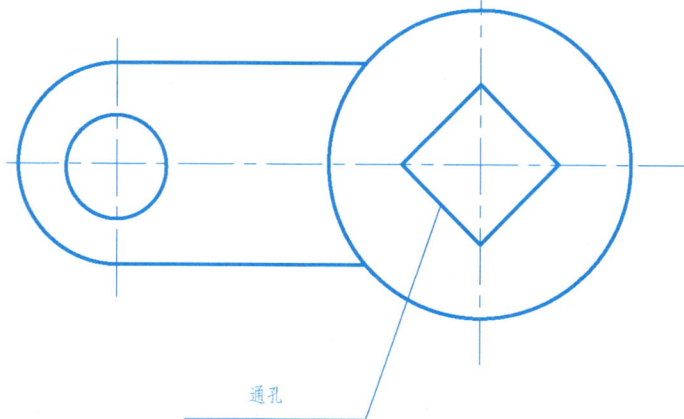

A—A

通孔

6.2 剖视图

根据俯视图，选择正确的局部剖主视图。

(1)

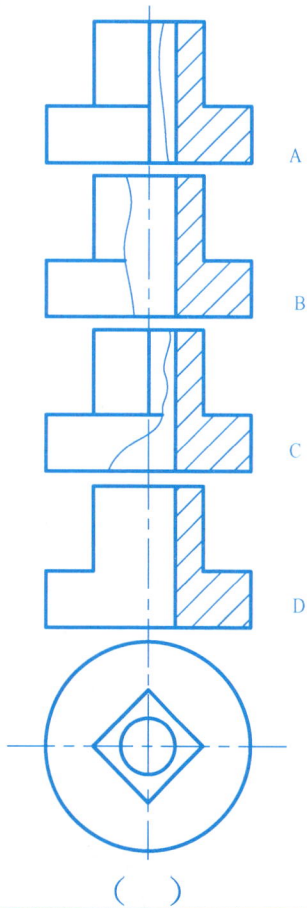

      A
      B
      C
      D

( )

(2)

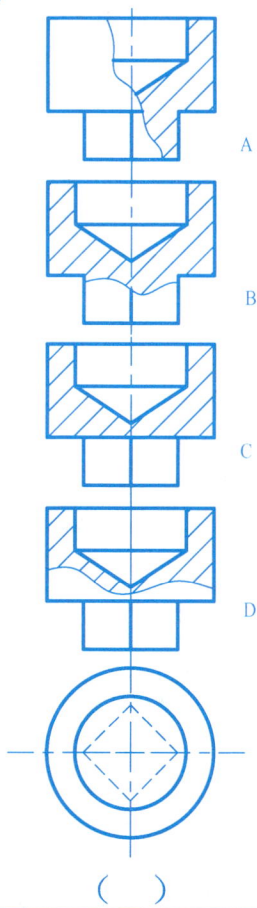

      A
      B
      C
      D

( )

(3)

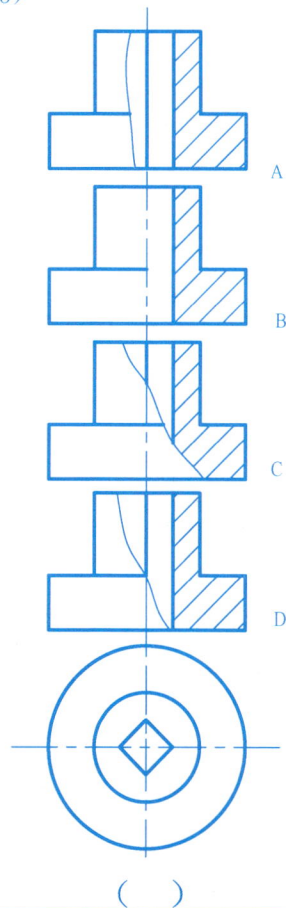

      A
      B
      C
      D

( )

(4)

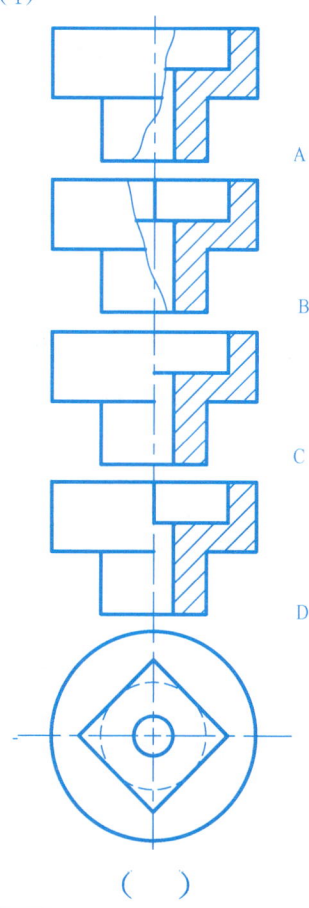

      A
      B
      C
      D

( )

6.2 剖视图

将主视图改画成全剖视图（画在细线框内）。

(1)

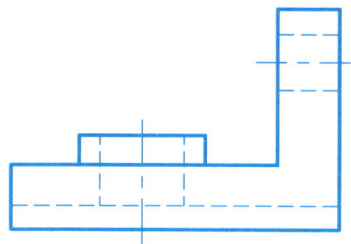

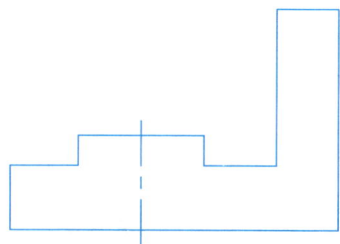

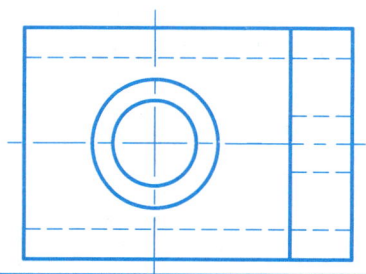

(2)

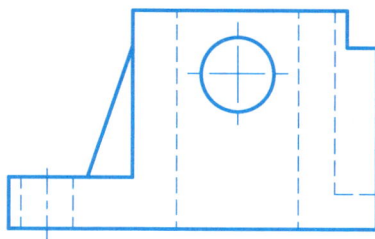

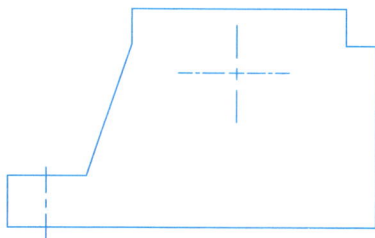

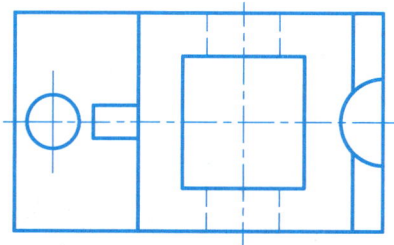

(3)

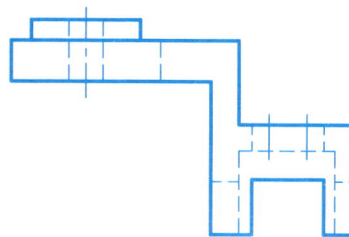

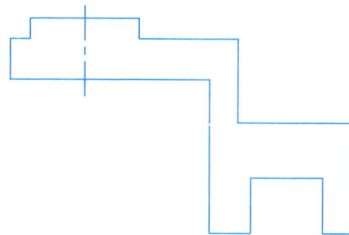

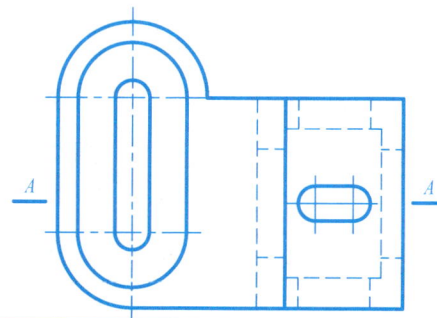

（1）作 A–A 全剖视图。

B–B

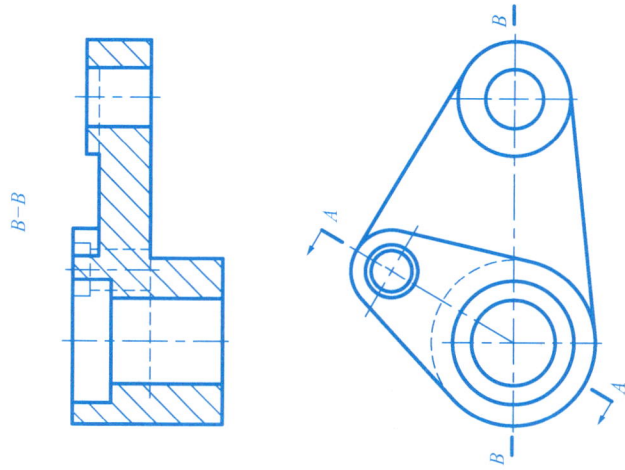

（2）作 A–A 全剖视图。

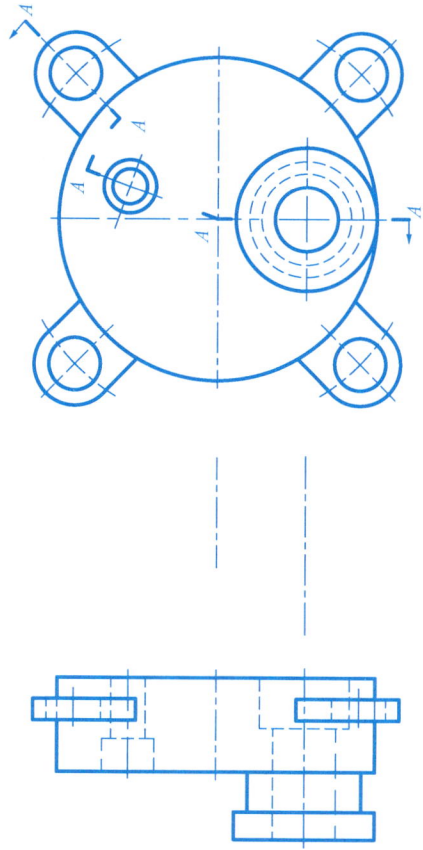

6.2 剖视图

将主视图改画成全剖视图（用平行剖切面）。

(1)

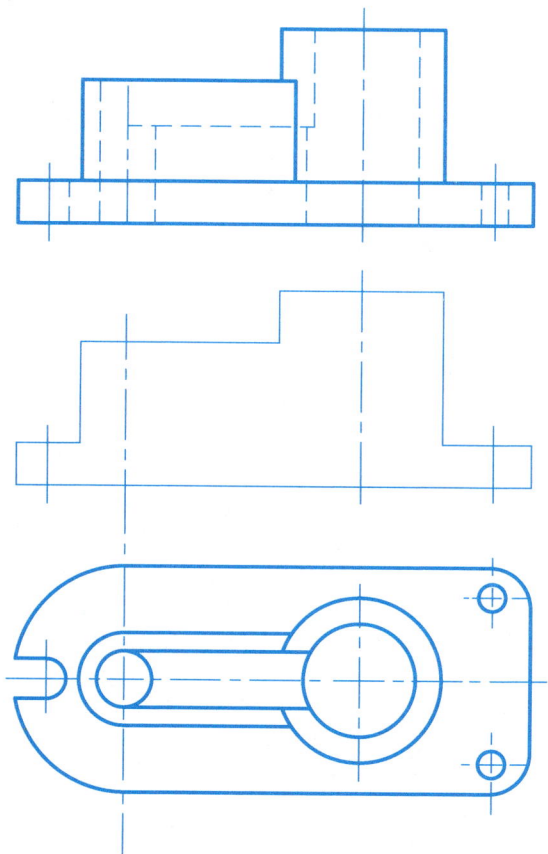

(2)

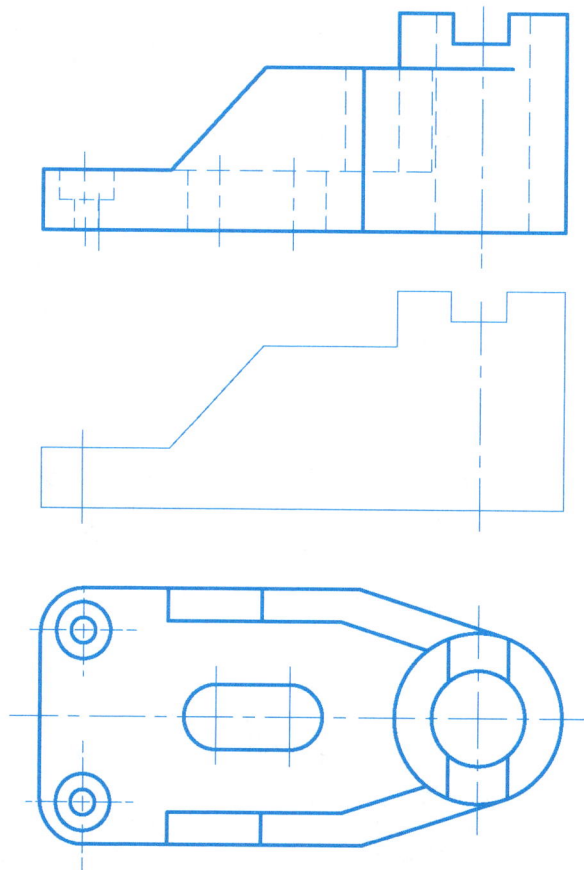

6.2 剖视图

将主视图改画成全剖视图（用平行剖切面）。

(1)

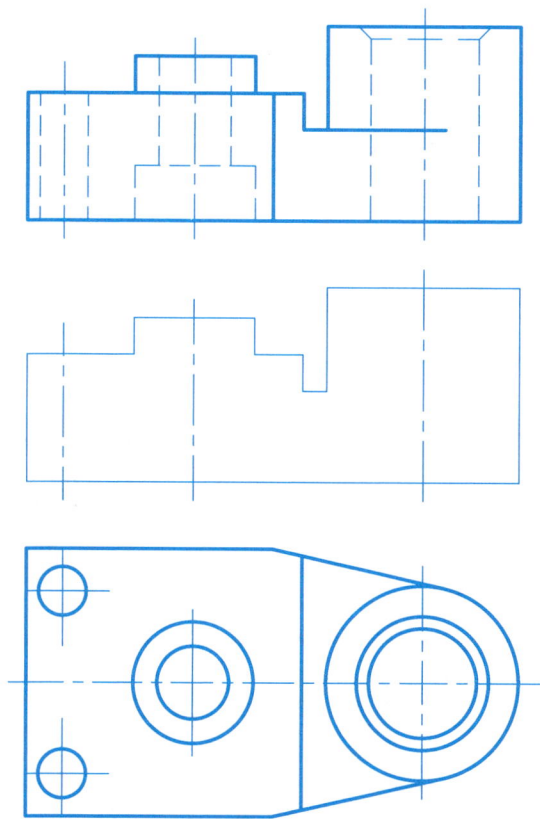

(2)

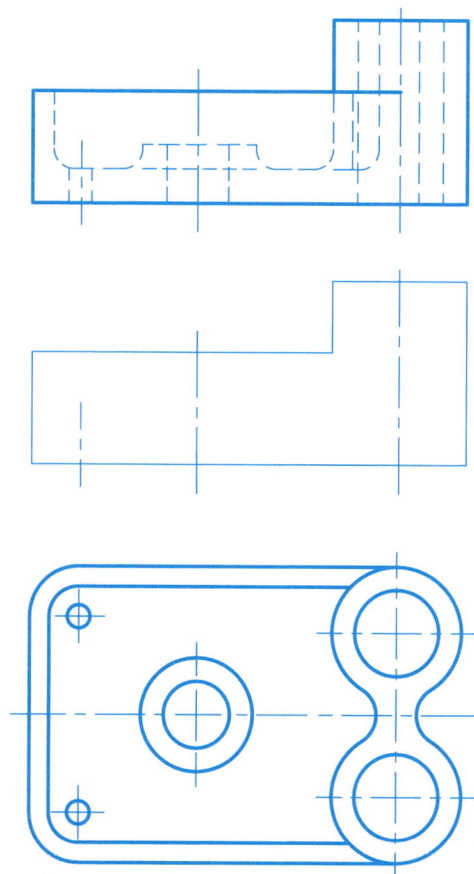

6.2 剖视图

将主视图改画成全剖视图（用两个相交的剖切面）。

(1)

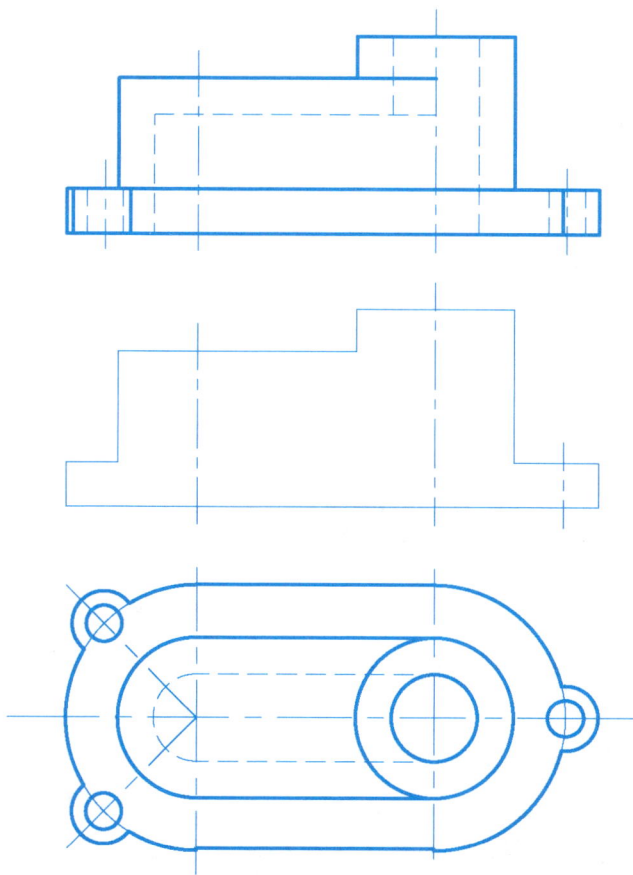

(2)

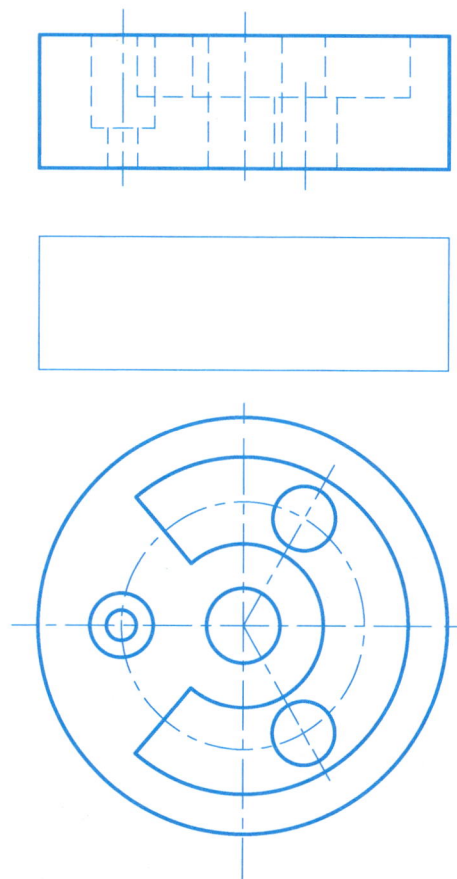

6.2 剖视图

(1) 将主视图画成 $A-A$ 全剖视（用平行剖切平面）。

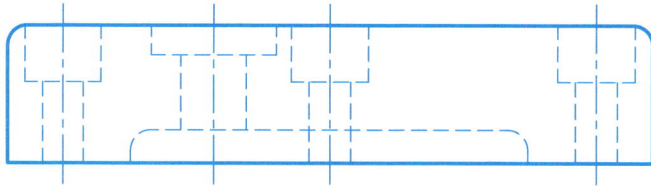

$A-A$

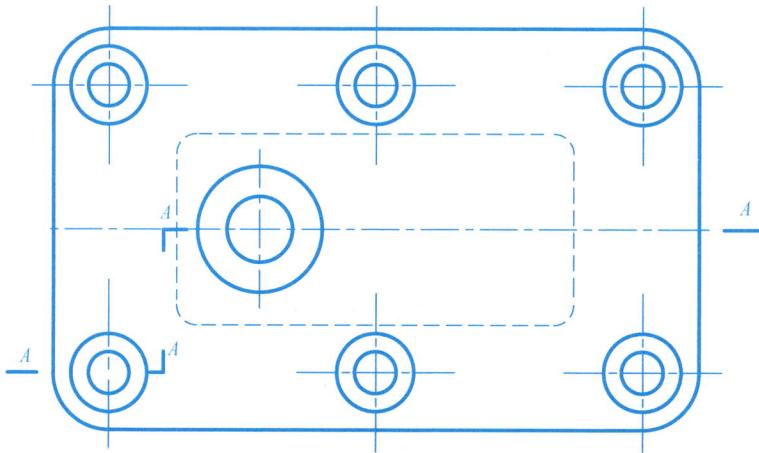

(2) 将主视图改画成全剖视（用相交剖切平面）。

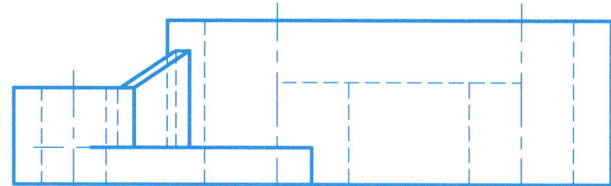

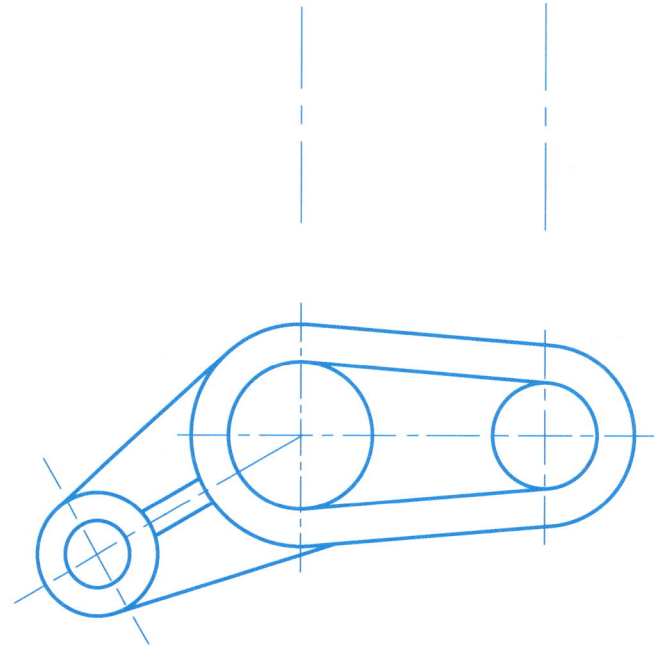

6.3 断面图

(1) 选择正确的移出断面图（　　）。

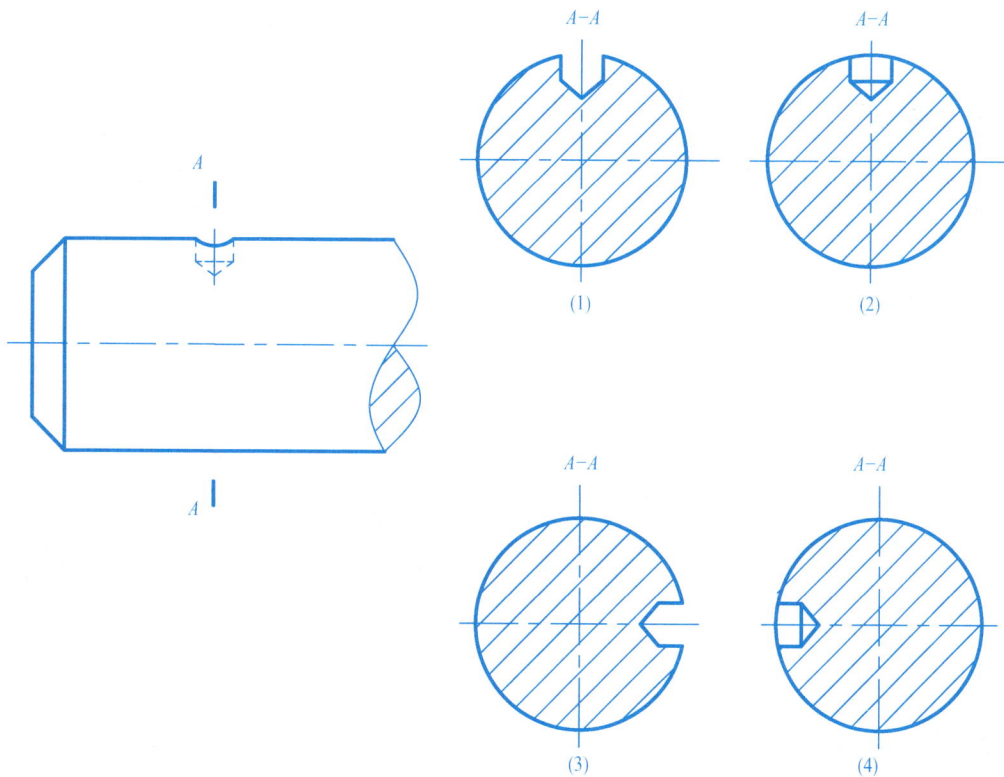

(2) 画出 $A-A$ 断面图。

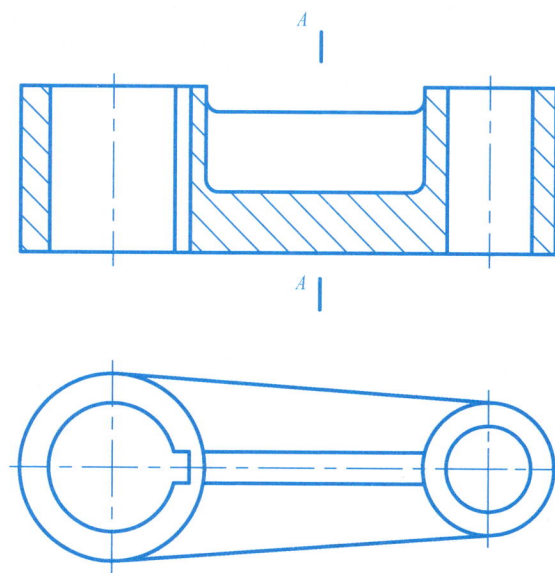

6.3 断面图

在指定位置作出轴的断面图（左端键槽深 4mm，右端键槽深 3mm，比例 1:1）。

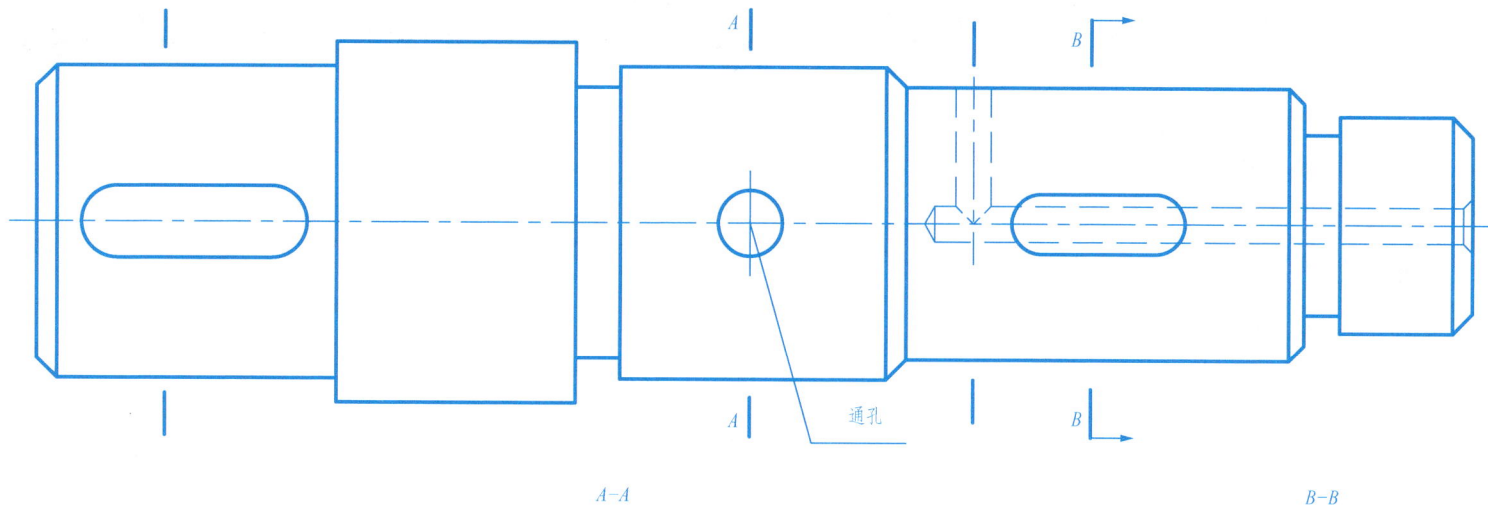

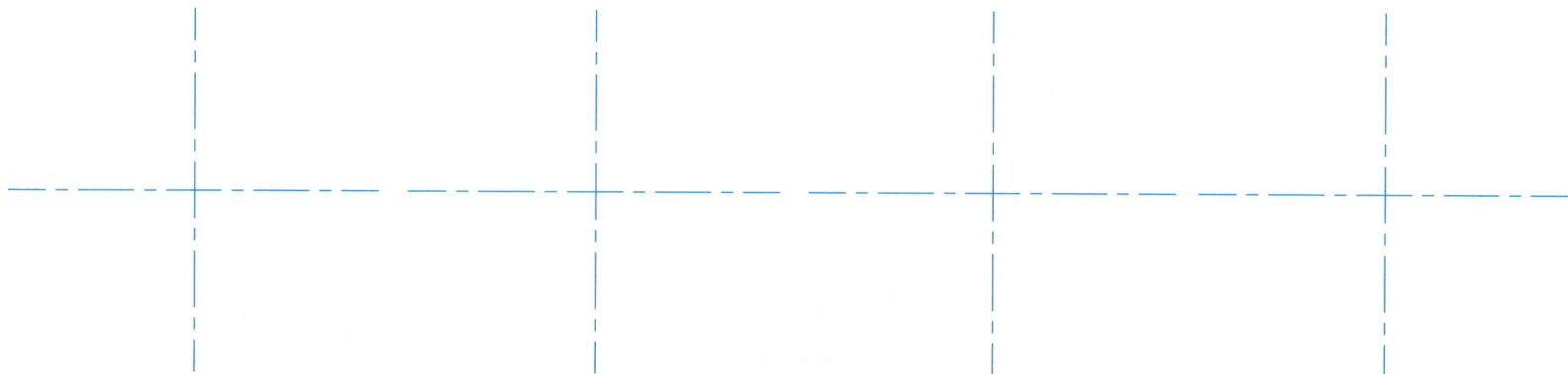

A

A

B

B

通孔

$A-A$

$B-B$

6.3 断面图

在箭头所指位置画移出断面图并进行标注（键槽宽4mm，键槽深3mm）。

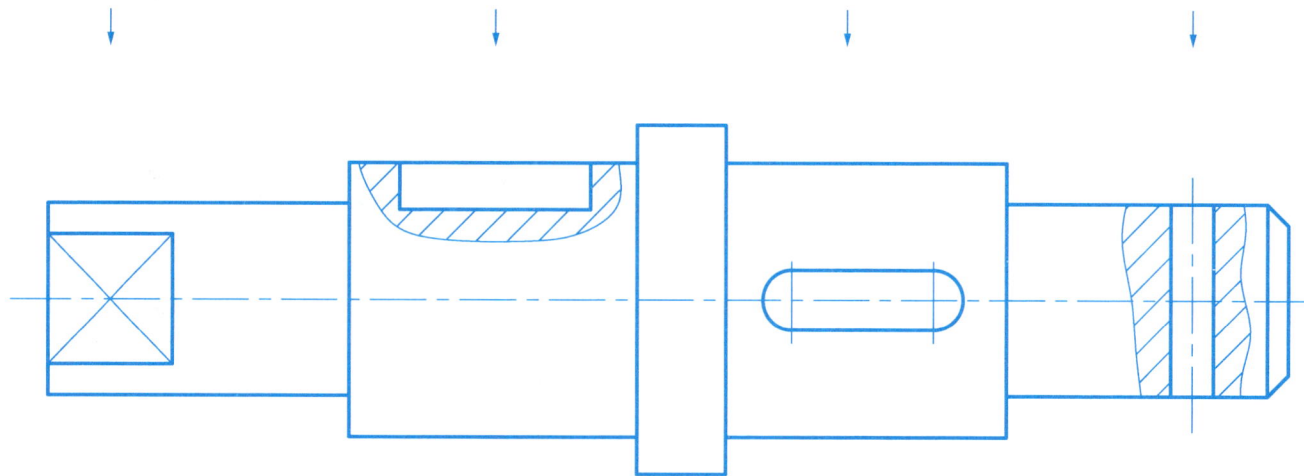

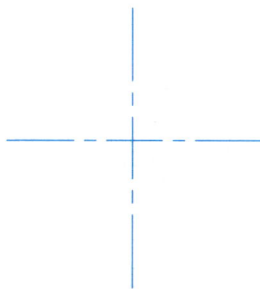

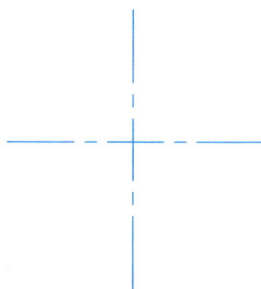

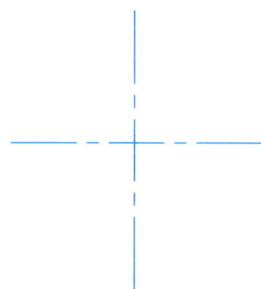

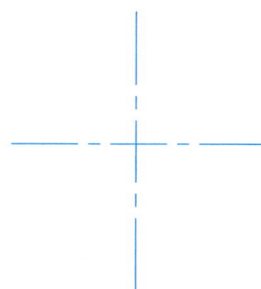

(1) 找出剖视图中的错误，按规定画法将主视图改画成全剖视图。

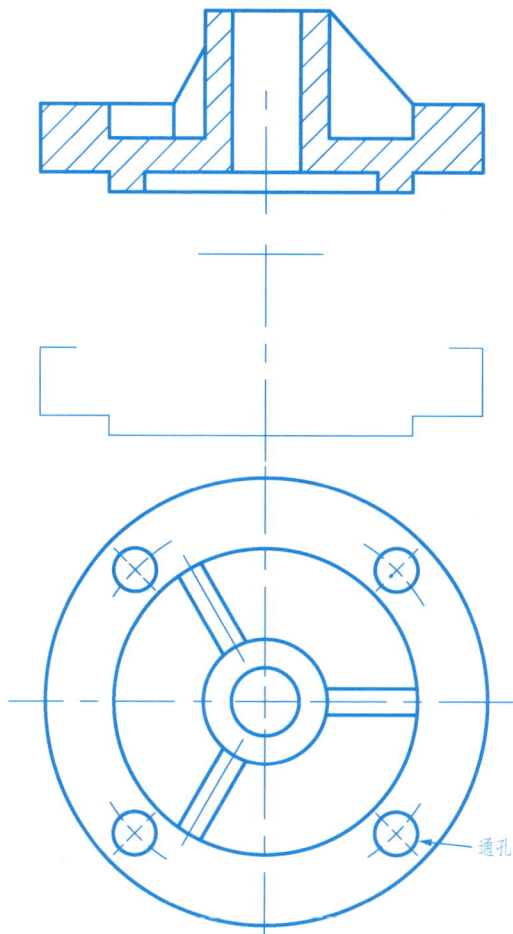

(2) 按规定画法将主视图改画成全剖视图。

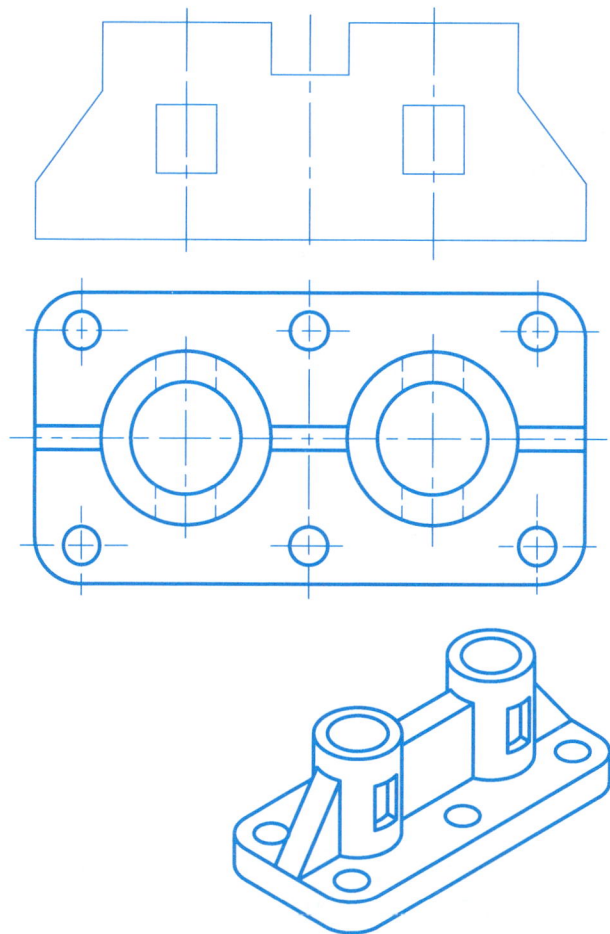

通孔

6.5 机件表达方法的综合举例

将左边主、俯视图所示立体的形状，在右边用指定剖视图来表达。将主观图画成半剖视图加局部剖视图，左视图画成全剖视图，俯视图画 $A-A$ 半剖视图。

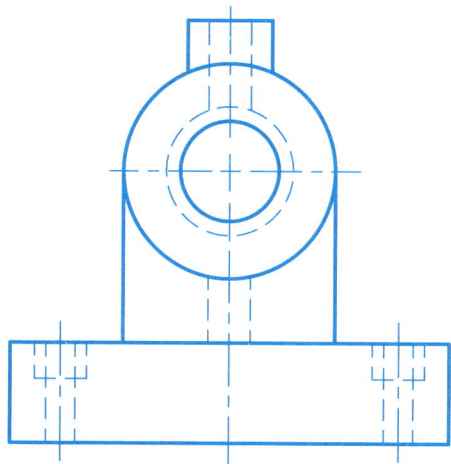

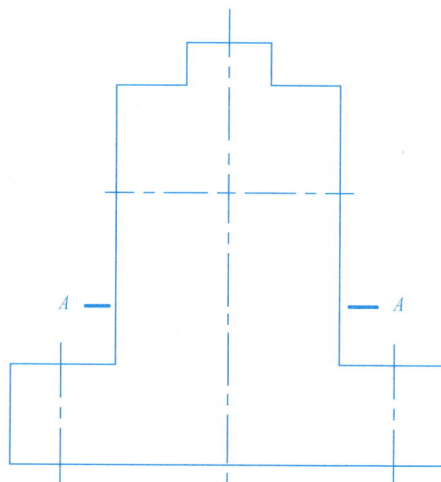

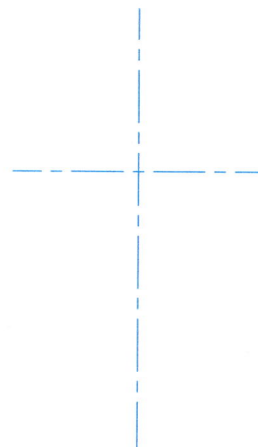

$A-A$

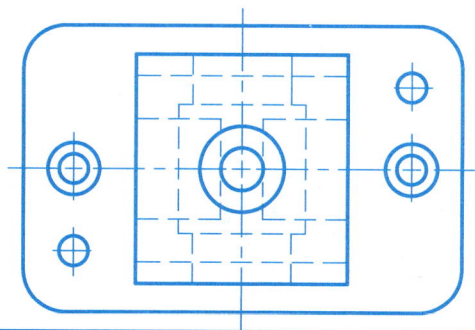

将主视图画成全剖视图，俯视图作半剖视图。

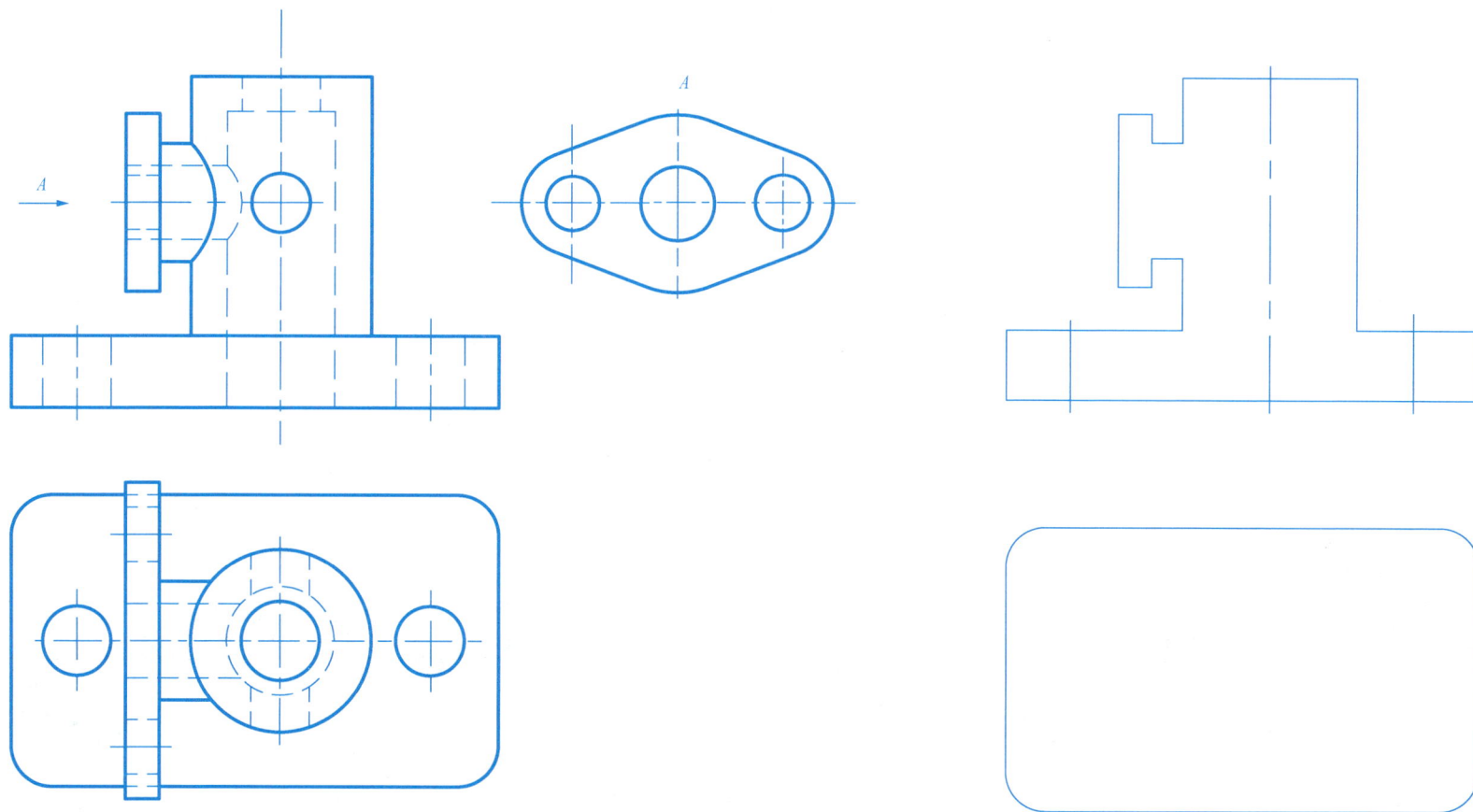

6.5 机件表达方法的综合举例

看懂投影图，运用适当的表达方法重新表达该形体。(该形体前后对称、左右不对称，内、外形均需表达。推荐方案：主视全剖、俯视半剖、左视半剖及局部剖反映底板孔，另画一局部右视图。)

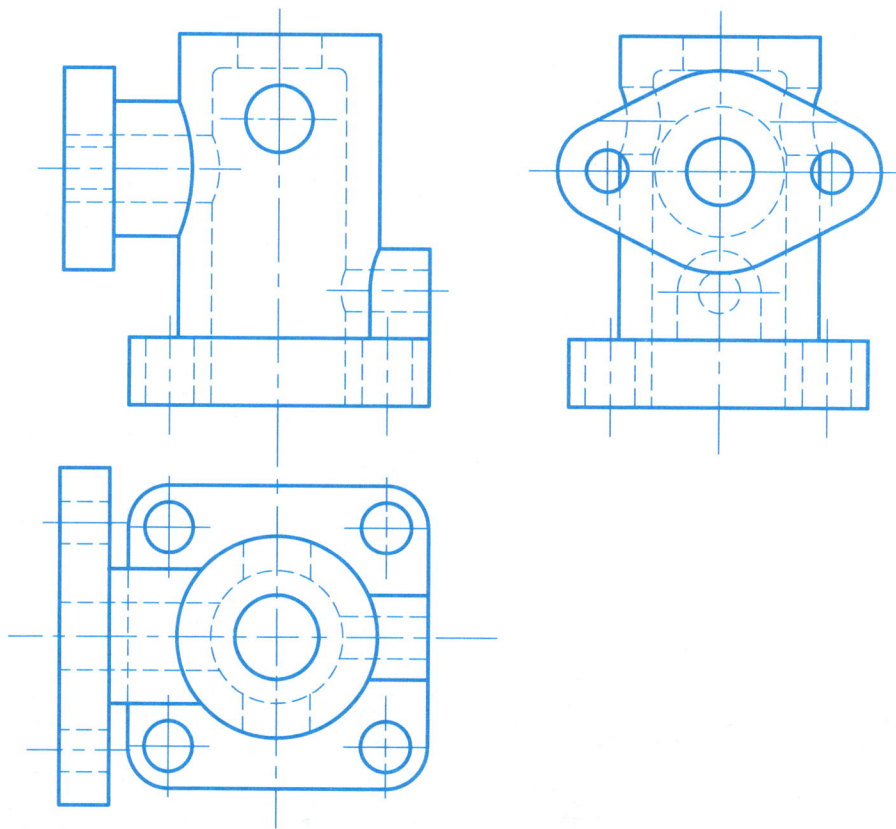

(1) 根据主视图、右视图，补画俯视图。

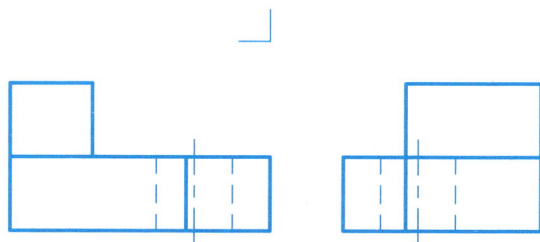

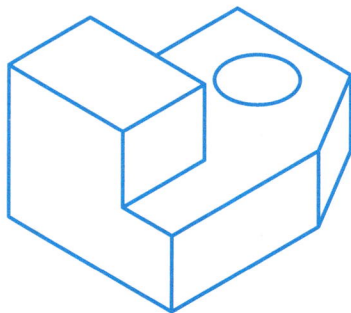

(2) 根据轴测图画主视图、俯视图、右视图（尺寸从图中量取）。

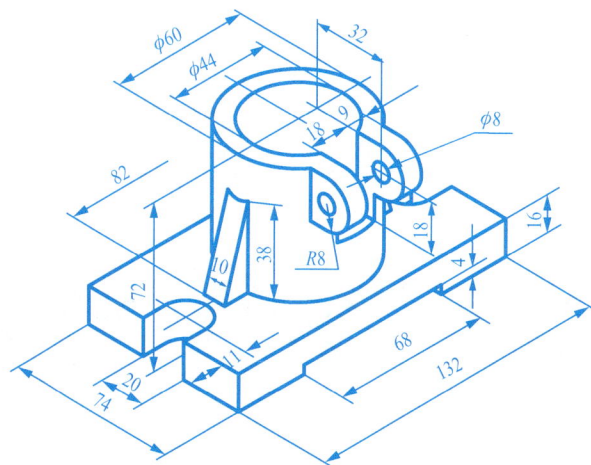

6.7 用 AutoCAD 进行图案填充

用 1:1 比例在 A4 图幅上抄画下面的视图并完成图案填充。

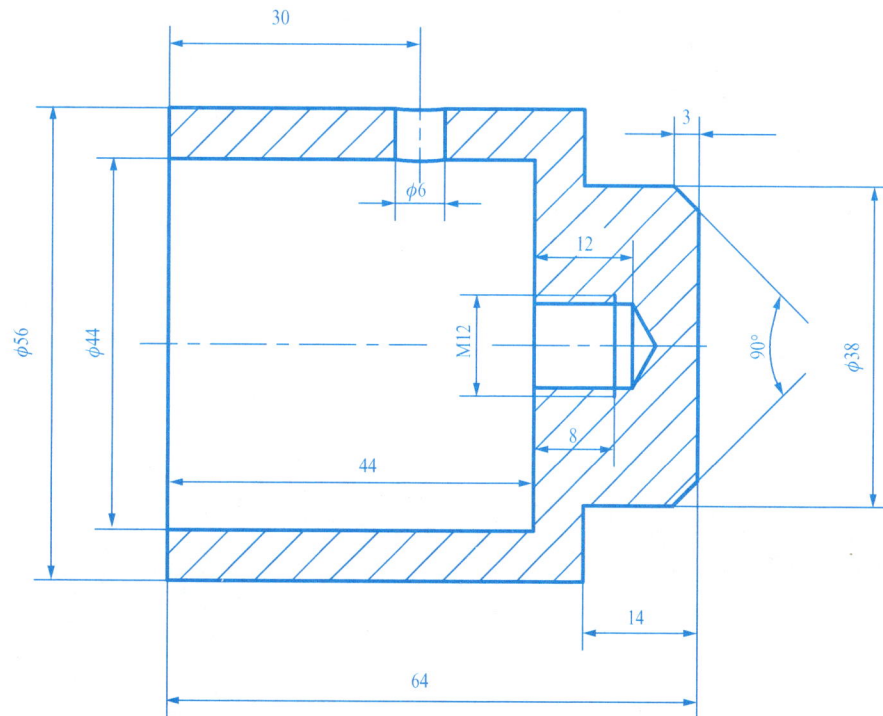

根据所给的投影图，在A3图纸上重新表达该形体，并标注尺寸（图名：箱体）。

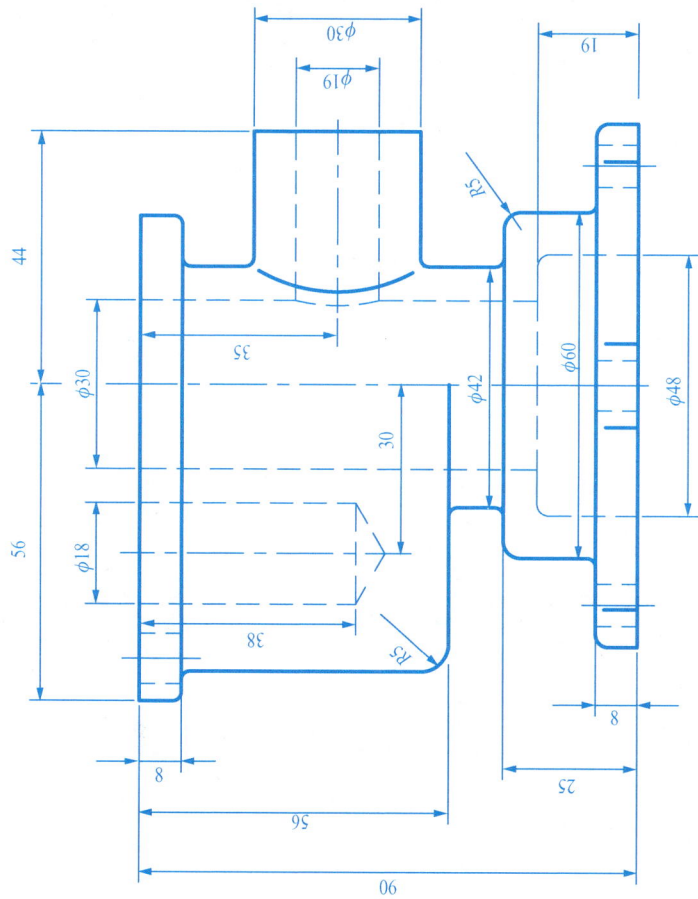

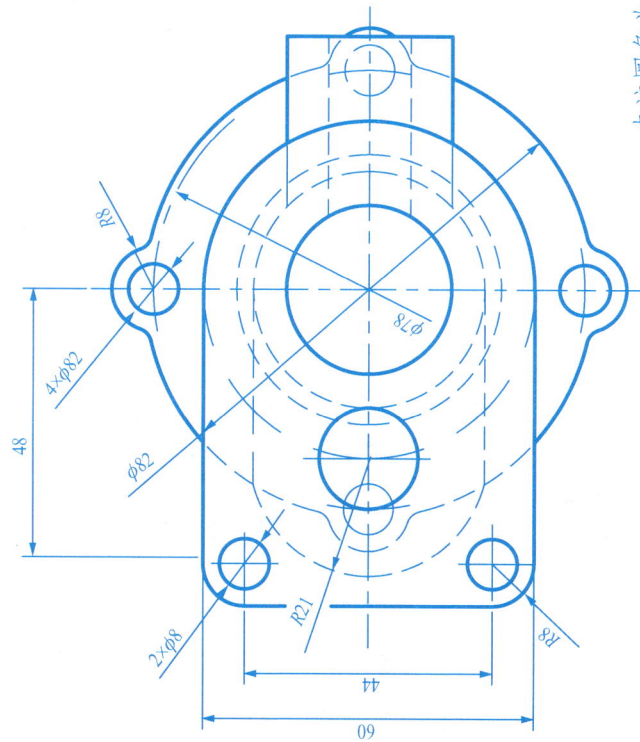

未注圆角为 R2～R4

第七章　电气设备中的零件图和装配图

作业指导

一、本章应掌握知识点

(1) 了解各种标准件与常用件的概念、种类及作用，并掌握它们的规定画法和标注，学会查阅有关的技术手册。

(2) 了解零件图的作用和内容，熟悉零件图的表达方法、常见结构的画法及尺寸标注法。学会识读零件图。

(3) 了解装配图的作图和内容，熟悉装配图的规定画法和特殊表达方法，能识读一般装配图。

二、本章重点和难点提示

(1) 了解螺纹的五个要素，其中凡牙型、大径、螺距等符合国家标准的螺纹叫标准螺纹。螺纹采用"国标"规定的简化画法和标注，内、外螺纹的画法及螺纹连接的画法和标注方法，要对照图例逐条理解。

(2) 螺纹连接件的形状结构和尺寸都已标准化，可在有关标准中查到，采用规定标记。

螺纹连接件的各部尺寸及被连接件通孔直径和螺纹深度均可按比例（与螺纹大径成一定比例）画出，画连接图时，应注意以下几点：

1) 相邻两零件的剖面线，其方向应不相同（一般方向相反）。

2) 两表面接触时应画成一条线，两表面不接触时应画成两条线。

3) 螺纹紧固件（螺栓、螺柱、螺母、垫圈）等实心零件，当剖切平面通过其对称平面或轴线时，均按不剖绘制。

(3) 零件图和装配图部分内容繁杂面广，知识容量大，与生产实际有密切联系，综合实用性强。因此学习过程中应到有关车间或工厂参观，了解零件的制造过程、表面加工方法及部件的装配过程。零件图和装配图的绘制和识读在生产中运用广泛，是工程技术人员应具备的基本技能，学习中应多多联系专业，以便更好地为专业服务。对于暂时不知道的零件图，涉及的一些设计、制造、加工、测量方面的生产知识，不必强求，可在老师指导下，多参考有关材料和生产图样进行分析、类比，以逐步提高识读零件图的能力并积累生产知识。

(4) 看图的方法和步骤：先概括了解零件和装配件的名称、用途、形状、材料和技术要求，分析零件图和装配图采用的表达方法，了解表达意图。然后利用形体分析法识视图、想形状。最后再综合起来加以总结，完成全图的识读。在识图的过程中，视图分析、尺寸分析和技术要求不能孤立地进行，而是相互结合、交叉进行，直到读懂为止。

(5) 绘制装配图的步骤：

1) 画图框线、明细栏和标题栏。进行形体分析，确定表达方案，选择基准面、基准线。

2) 布置视图，画出主要基准线和轴线。

3) 画底稿。先画主要零件的主要视图，确定装配轴线，然后参照装配示意图，依次画各零件的主要视图。注意可见性。

4) 按投影对应关系分别完成其他视图。

5) 画尺寸线、零件编号用的引出线和剖面线（可一次画成）。

6) 描深与加粗轮廓线、轴线。画全部尺寸箭头。

7) 注写尺寸（3.5号字）、零件序号（5号字）。填写技术要求、明细栏和标题栏。

7.1 电气设备中的常用标准件

分析下图画法中的错误，将正确的图画在下面。

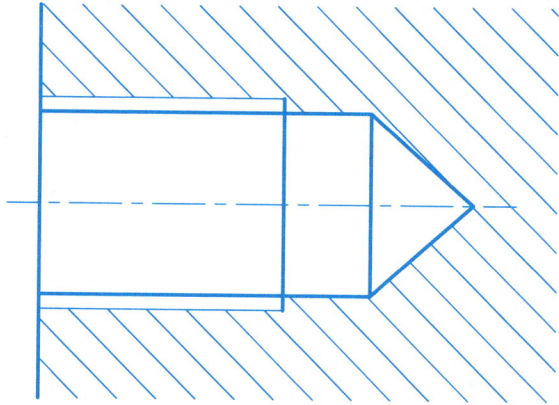 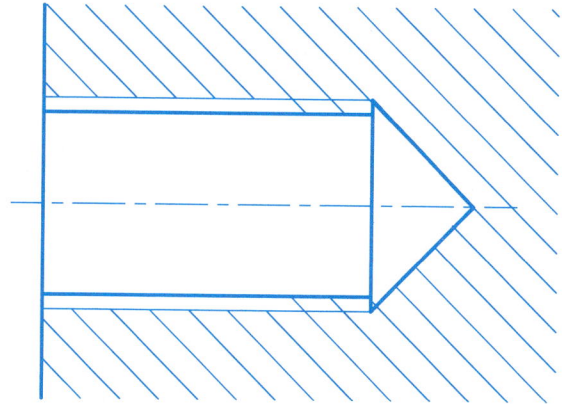

7.1 电气设备中的常用标准件

指出螺纹画法中的错误，并在指定位置画出正确的图形。

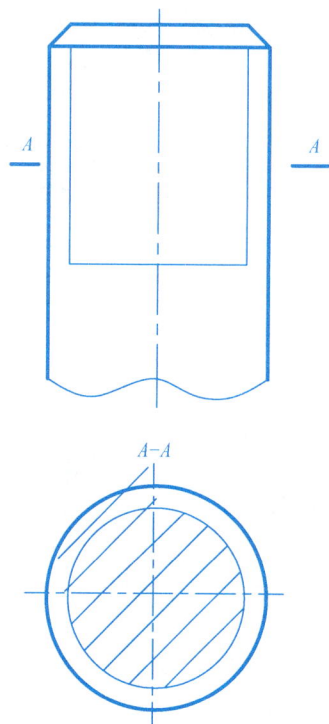

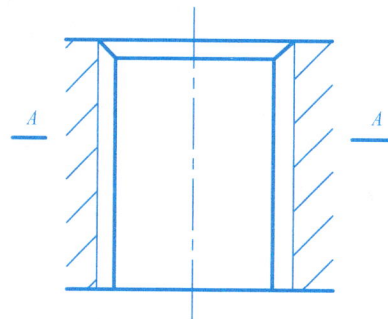

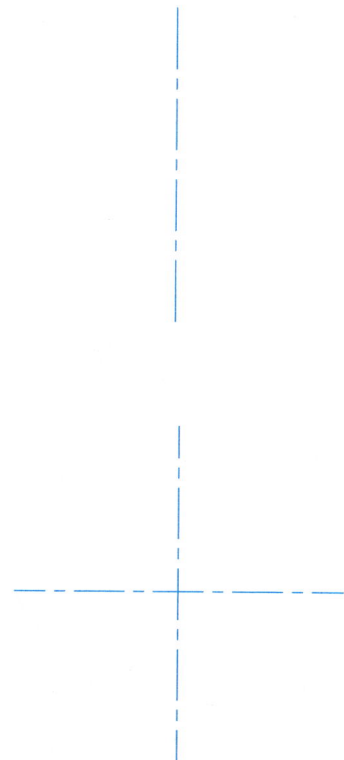

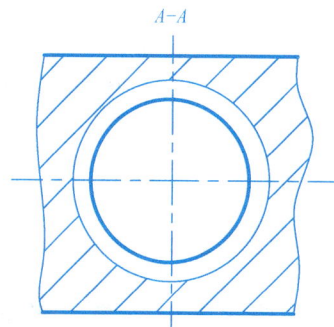

7.1　电气设备中的常用标准件（选择画法正确的图形，在正确的编号下打"√"。）

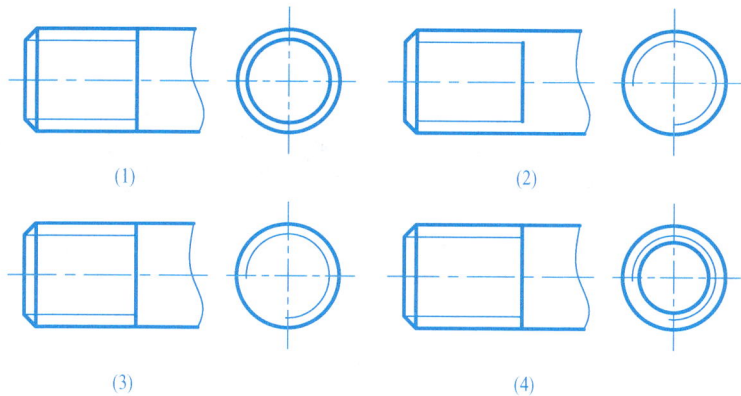

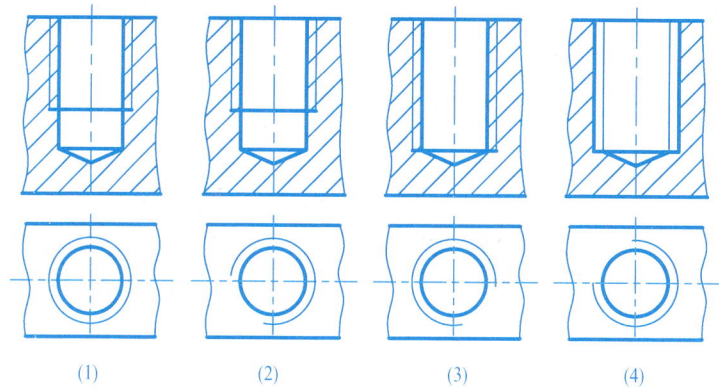

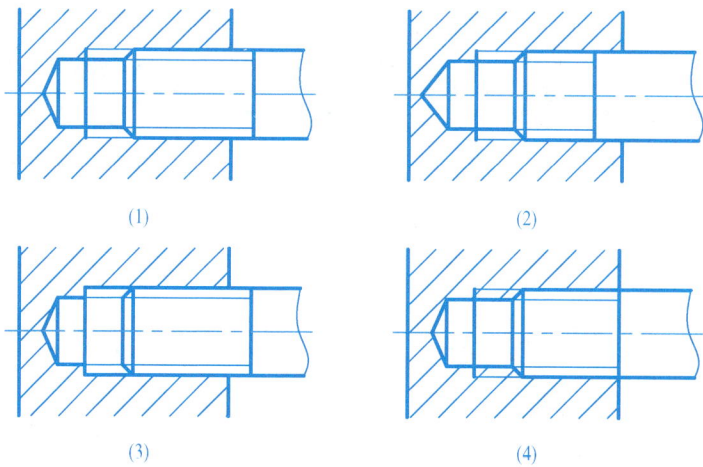

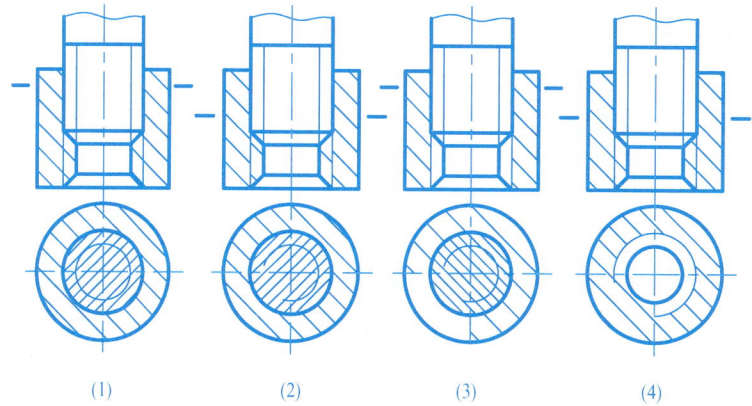

(1)

(2)

(3)

(4)

(1)　　　(2)　　　(3)　　　(4)

(1)

(2)

(3)

(4)

(1)　　　(2)　　　(3)　　　(4)

7.1 电气设备中的常用标准件（指出螺纹连接画法中的错误，并在指定位置画出正确的图。）

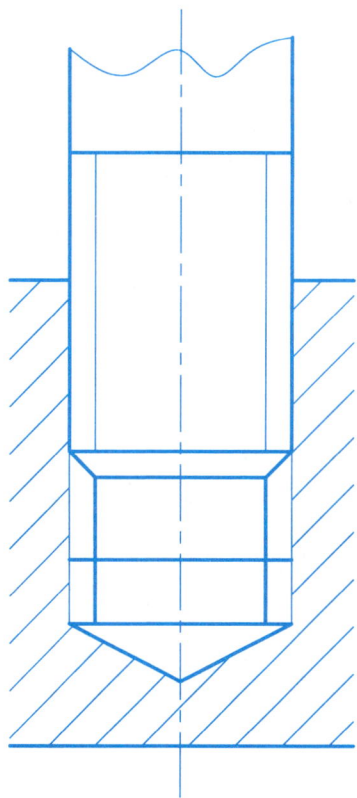
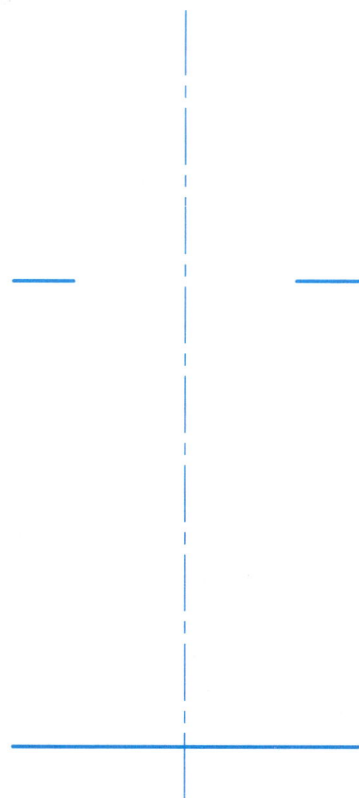
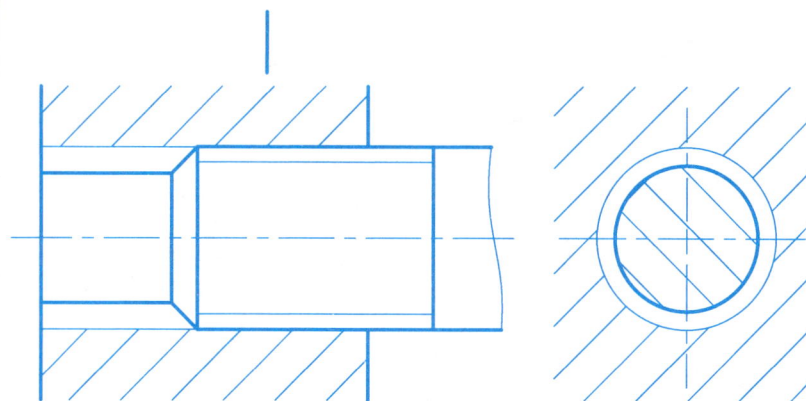

7.1 电气设备中的常用标准件（按给定尺寸，在下图中画出螺纹。）

(1) 外螺纹 M36，螺纹长度 80mm，倒角 C2（按 1∶2 绘图）。

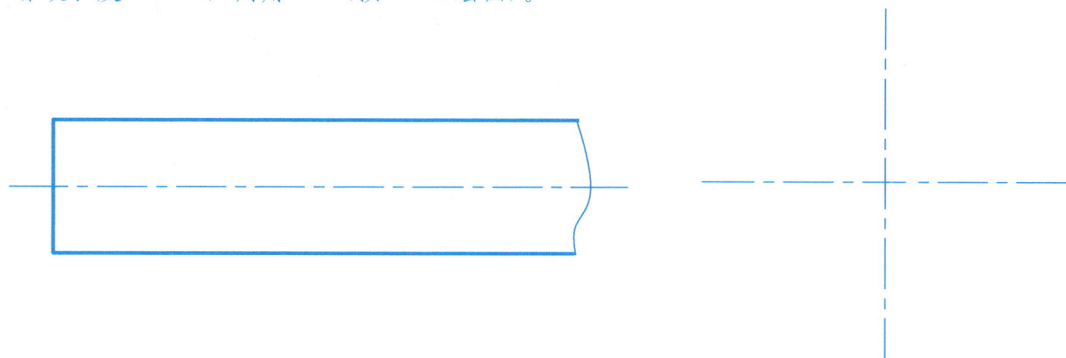

(2) 内螺纹 M36，钻孔深度 130mm，螺纹深度 100mm，孔口倒角 C2（按 1∶2 绘图）。

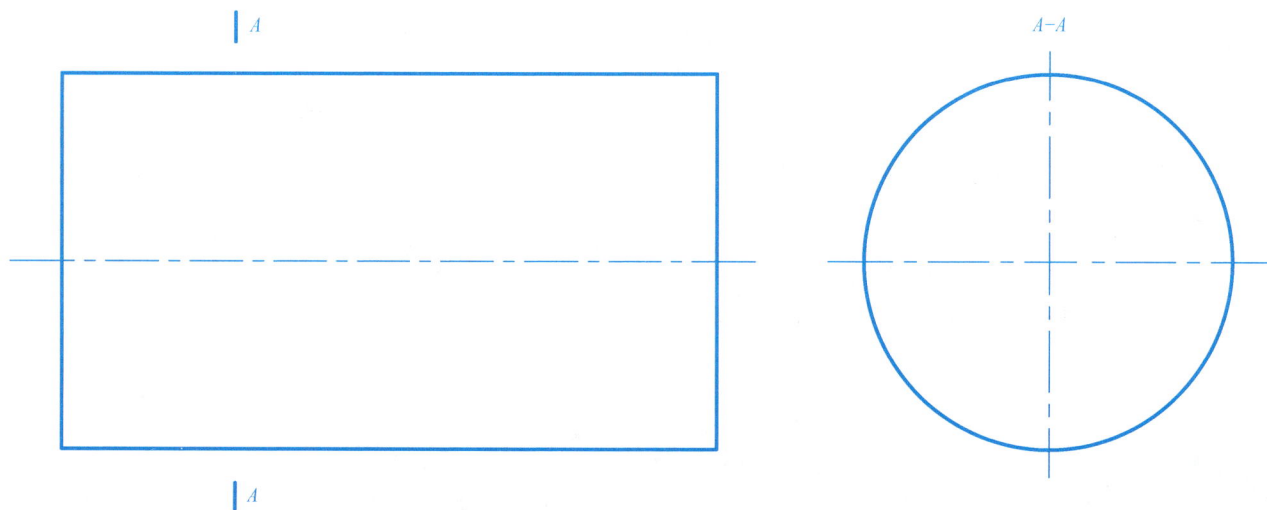

7.1 电气设备中的常用标准件（在图上标注螺纹代号。）

(1) 普通螺纹，内螺纹大径为 20mm，（外螺纹大径为 16mm），螺距均为 2mm，右旋，中径、顶径公差带代号均为 6H（外螺纹为 6g），中等旋合长度。

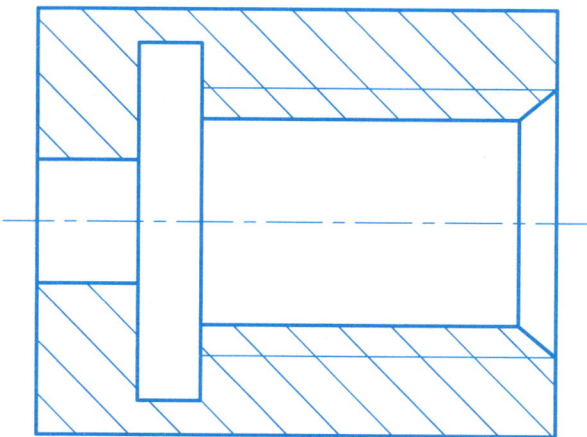

(2) 普通螺纹，大径为 24mm，螺距为 2mm，左旋，中径公差带为 5H，顶径公差带为 6H，长旋合长度。

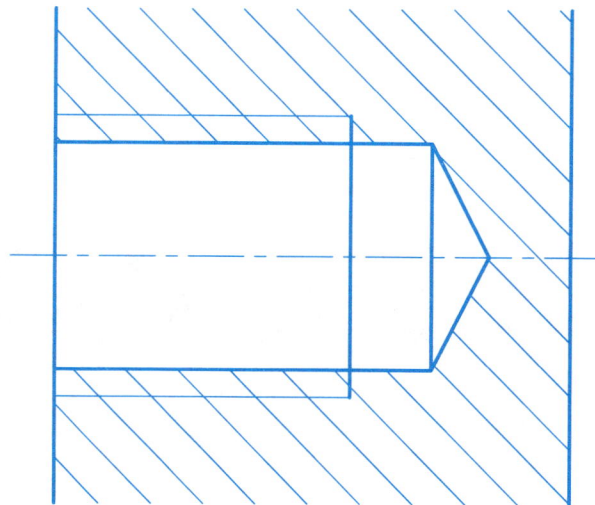

7.1 电气设备中的常用标准件（在图上标注螺纹代号。）

（1）梯形螺纹，公称直径为 24mm，螺距为 5mm，双线，右旋，中径公差带为 7H，中等旋合长度。

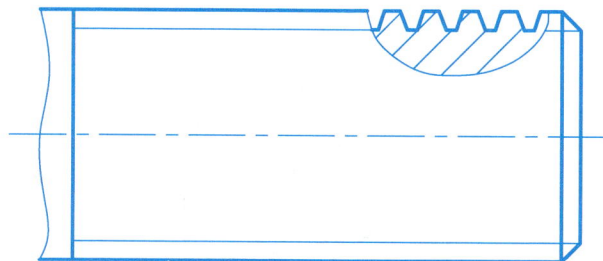

（2）55°非密封管螺纹，尺寸代号为 3/4，公差等级为 B 级，左旋。

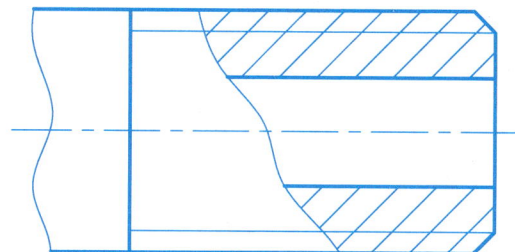

（3）60°密封圆锥管螺纹，尺寸代号为 1/2，右旋。

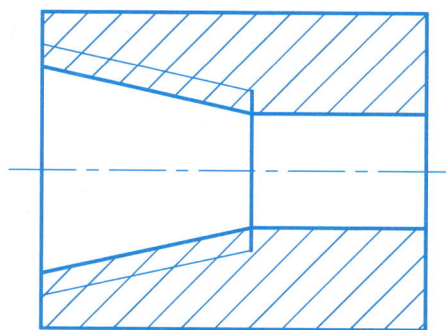

（4）梯形螺纹大径 20mm，螺距 4mm，左旋，中径公差带为 7H，中等旋合长度。

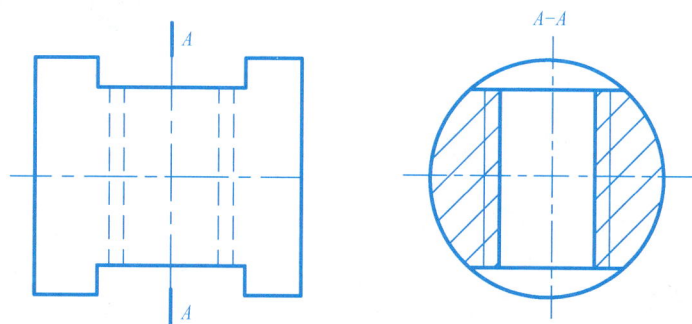

班级　　　　　学号　　　　　姓名　　　　　131

7.1 电气设备中的常用标准件

(1) 用简化画法画出螺栓连接装配图中所缺图线。

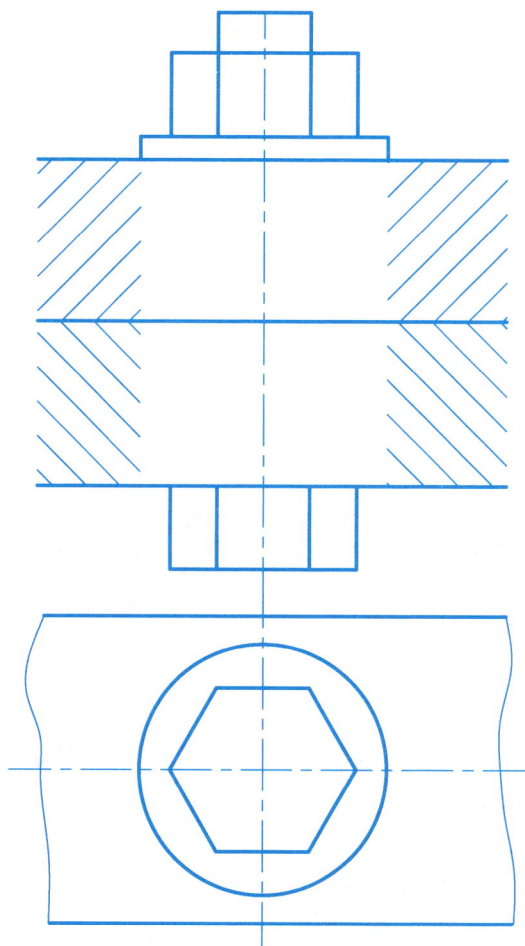

(2) 用比例画法画出螺钉联接装配图中所缺图线。

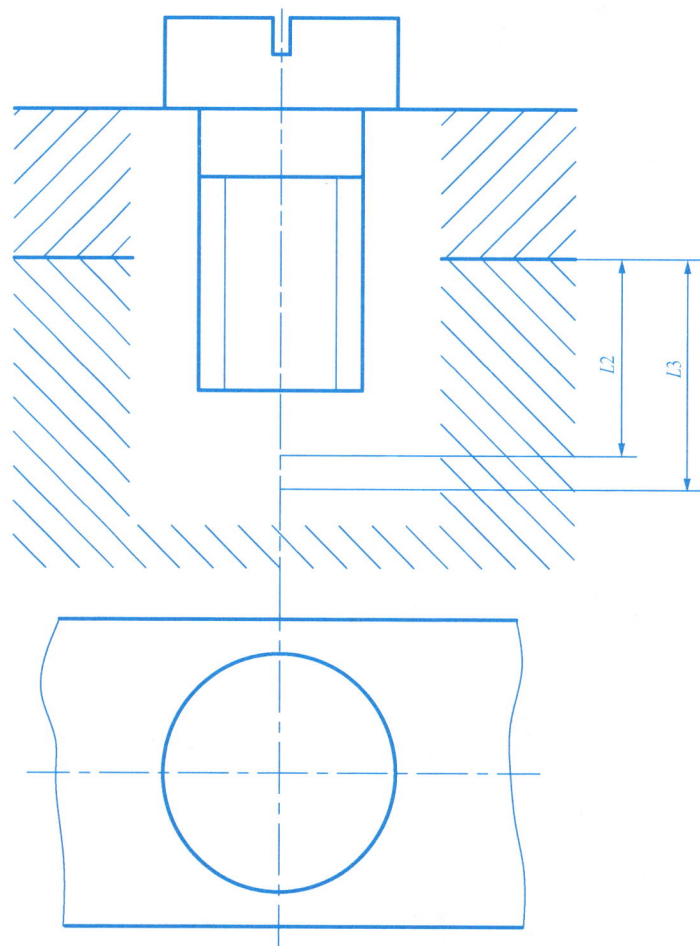

7.1 电气设备中的常用标准件

根据图中零件的尺寸，查表选取适当长度的销，画全销连接图。

(1) $\phi 10$ 圆柱销连接。

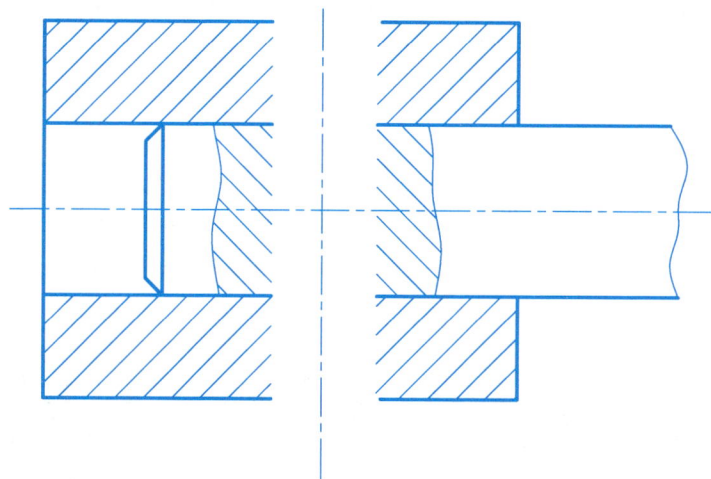

圆柱销的规定标记：_____

(2) $\phi 8$ 圆锥销连接。

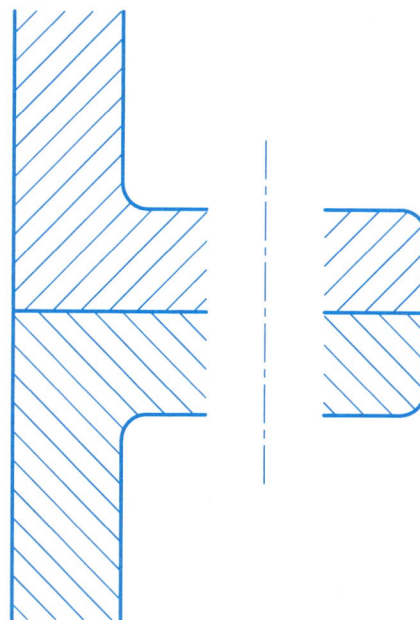

圆锥销的规定标记：_____

7.2 零件图（根据所画视图，选择泵体较好的表达方法。）

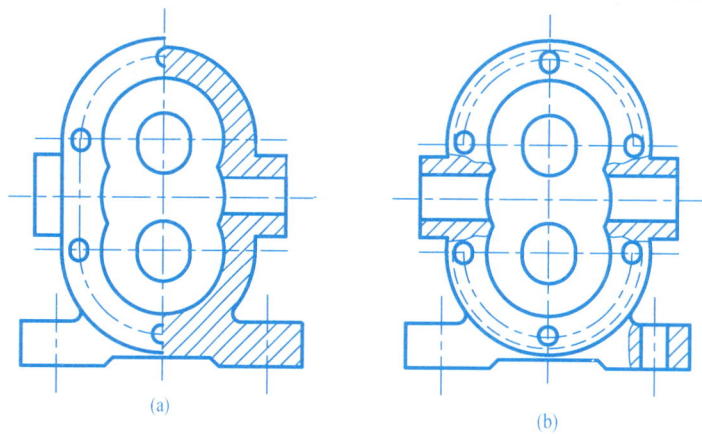

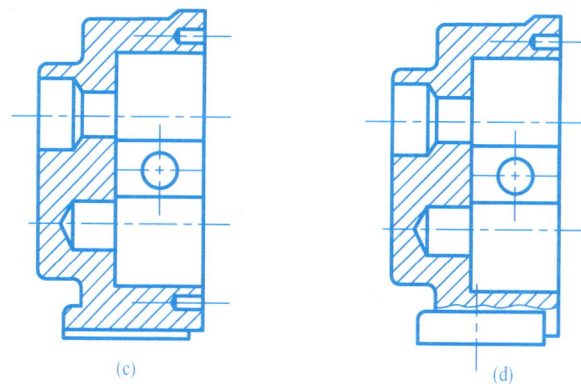

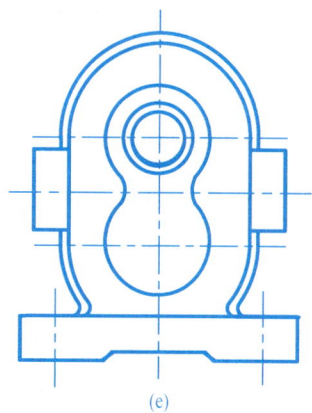

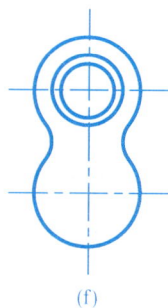

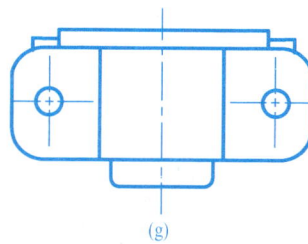

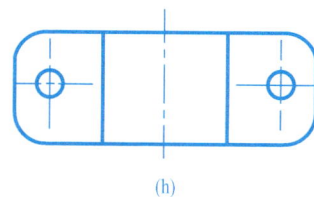

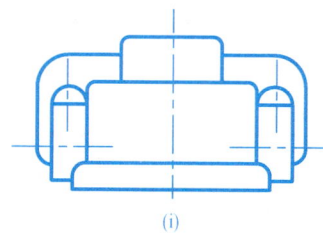

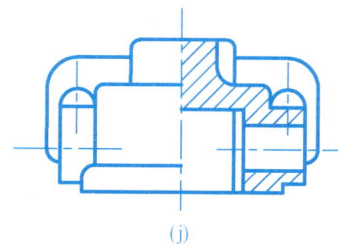

(a) 主视图半剖   (b) 主视图局部剖   (c) 左视图全剖   (d) 左视图局部剖   (e) 后视图外形

(f) 局部后视图   (i) 俯视图外形   (j) 俯视图半剖   (g) 仰视图   (h) 局部仰视图

7.2 零件图

分析图中尺寸标注的错误，并标注正确的尺寸。

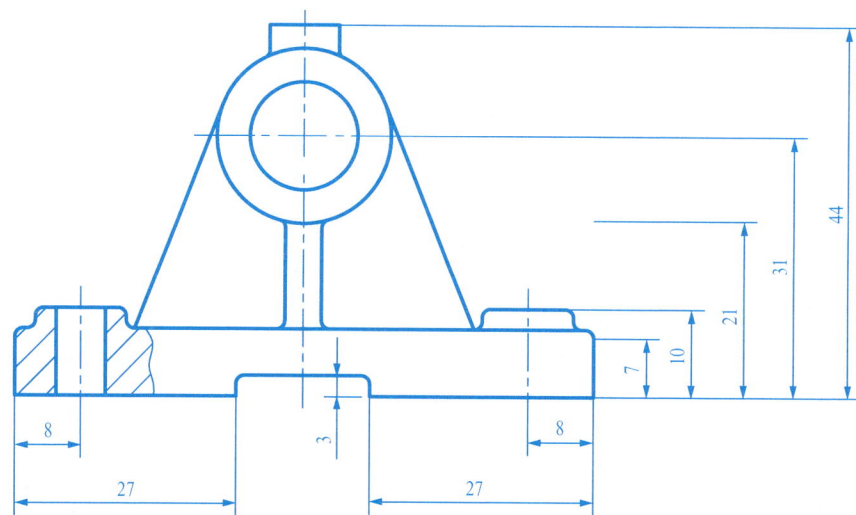

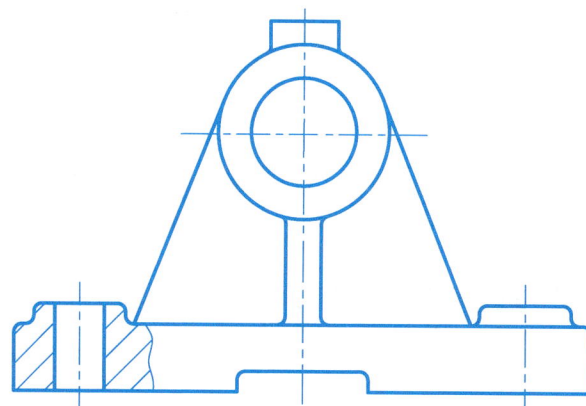

7.2 零件图

将给定的表面粗糙度 R_a 值，用代号标注在图形上。

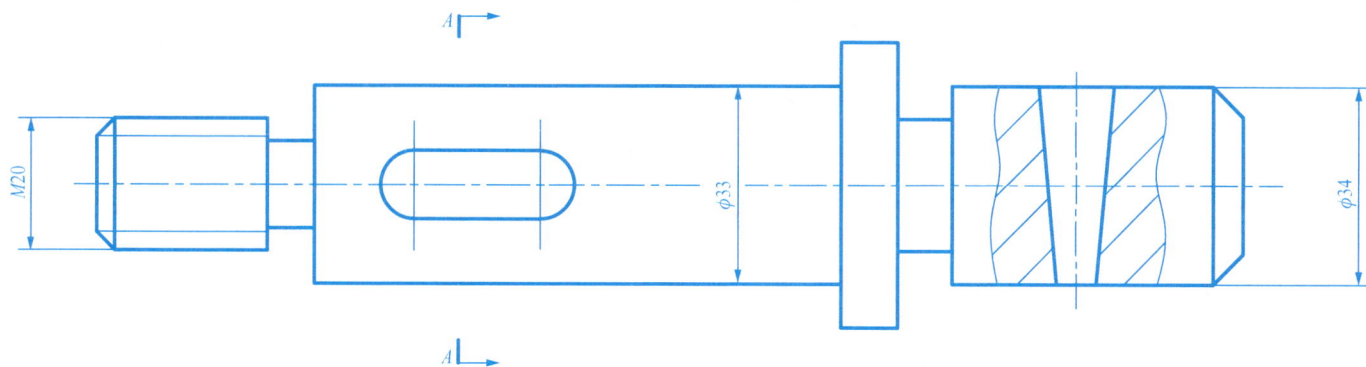

(1) $\phi34$、$\phi33$ 外圆柱面的 R_a 值为 1.6。
(2) M20 螺纹工作表面的 R_a 值为 3.2。
(3) 键槽工作表面的 R_a 值为 1.6，底面的 R_a 值为 6.3。
(4) 锥销孔表面的 R_a 值为 1.6。
(5) 其余表面的 R_a 值为 12.5。

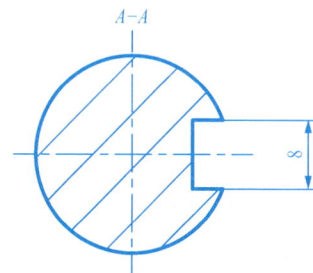

将指定表面粗糙度用代号标注在图上。

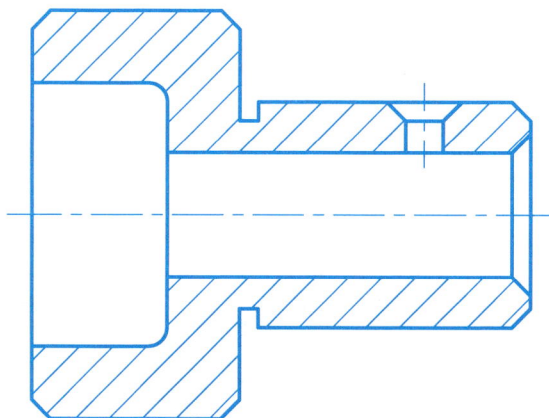

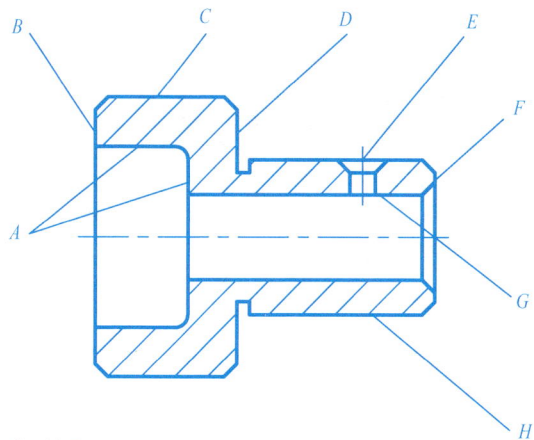

表面粗糙度：

A 面为 ⟨符号⟩

B 面为 3.2⟨符号⟩

C 面为 3.2⟨符号⟩

D 面为 3.2⟨符号⟩

E 孔面为 12.5⟨符号⟩

F 面为 12.5⟨符号⟩

G 孔面为 0.4⟨符号⟩

H 面为 3.2⟨符号⟩

其余面为 25⟨符号⟩

7.2　零件图

(1) 根据孔（基本尺寸 $\phi30$、上偏差 0.021mm、下偏差 0）、轴（基本尺寸 $\phi30$，上偏差 -0.020mm，下偏差 -0.041mm）的已知尺寸，查出其公差带代号，标注在图上，并回答问题。

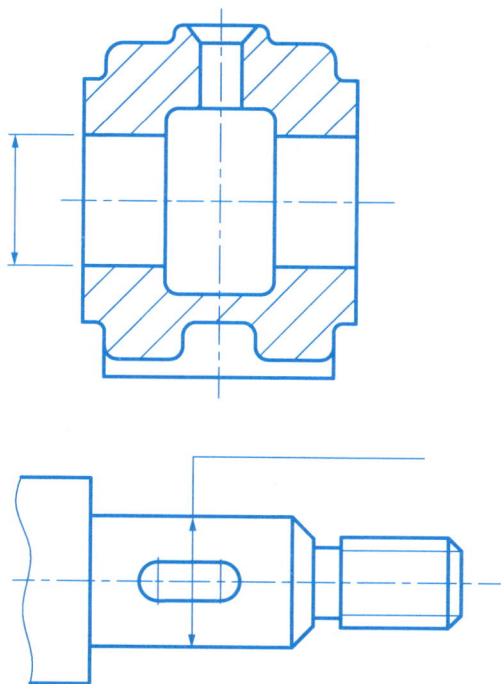

孔是＿＿＿＿＿＿制的＿＿＿＿＿＿孔；
轴是＿＿＿＿＿＿制的＿＿＿＿＿＿轴。

(2) 查表，将极限偏差值填在括号内。

1) $\phi30$H8 （　　　　）

2) $\phi60$JS12 （　　　　）

3) $\phi25$m6 （　　　　）

4) $\phi40$f7 （　　　　）

(3) 查表，将公差带代号写在基本尺寸之后。

孔　$\phi70$　　　　（±0.015）

孔　$\phi70$　　　　（$^{+0.006}_{-0.015}$）

轴　$\phi70$　　　　（$^{-0.020}_{-0.060}$）

轴　$\phi70$　　　　（$^{+0.018}_{+0.002}$）

7.2 零件图

(1) 解释图中配合代号的含义，并将尺寸和配合代号标注在相应的零件图上。配合尺寸 20H9/f9 是基_____制，孔的基本偏差代号为_____，公差等级为_____级；轴的基本偏差代号为_____，公差等级为_____级，它们是_____配合。

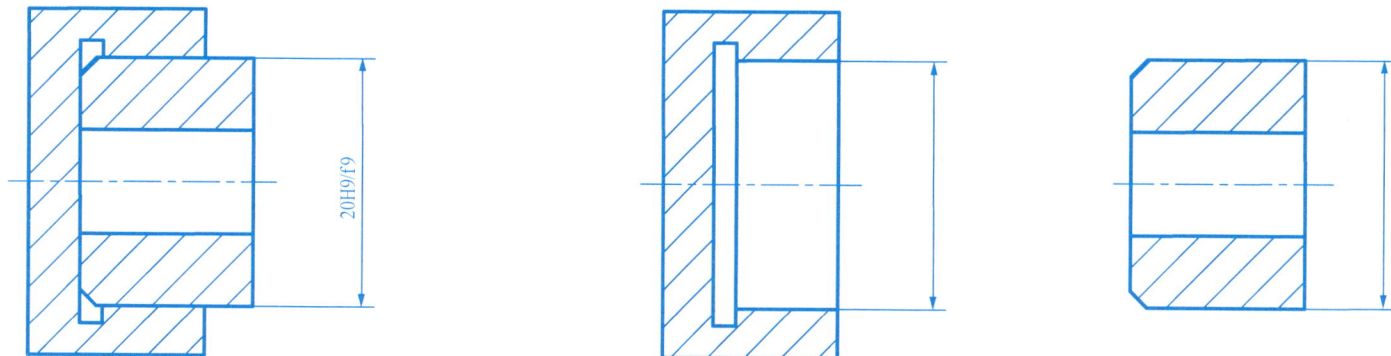

(2) 解释图中配合代号的含义，并将尺寸和配合代号标注在相应的零件图上。配合尺寸 $\phi 32H7/k6$ 是基_____制，孔的基本偏差代号为_____，公差等级为_____级；轴的基本偏差代号为_____，公差等级为_____级，它们是_____配合。

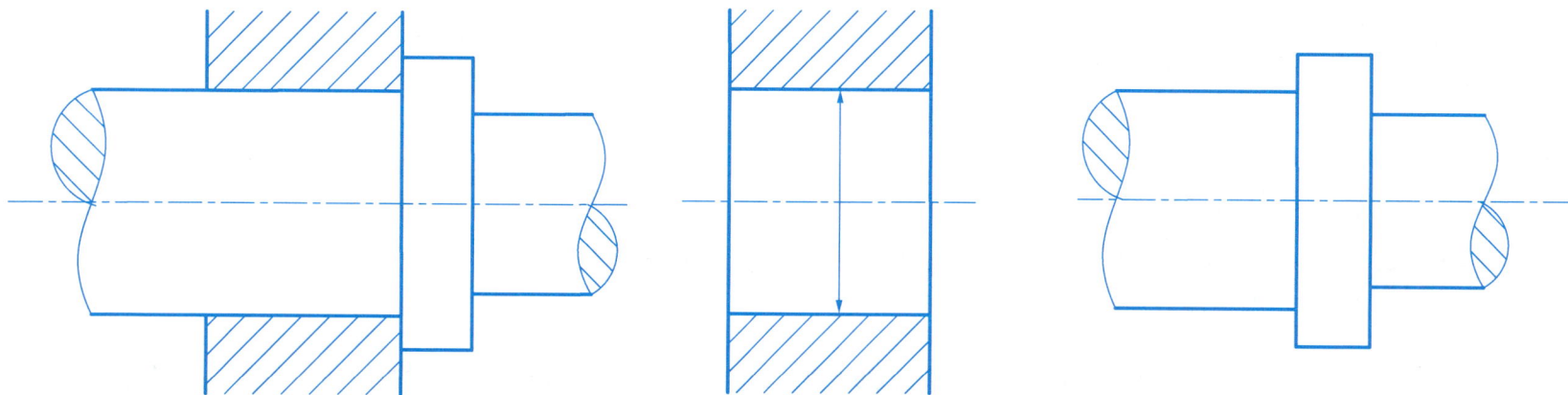

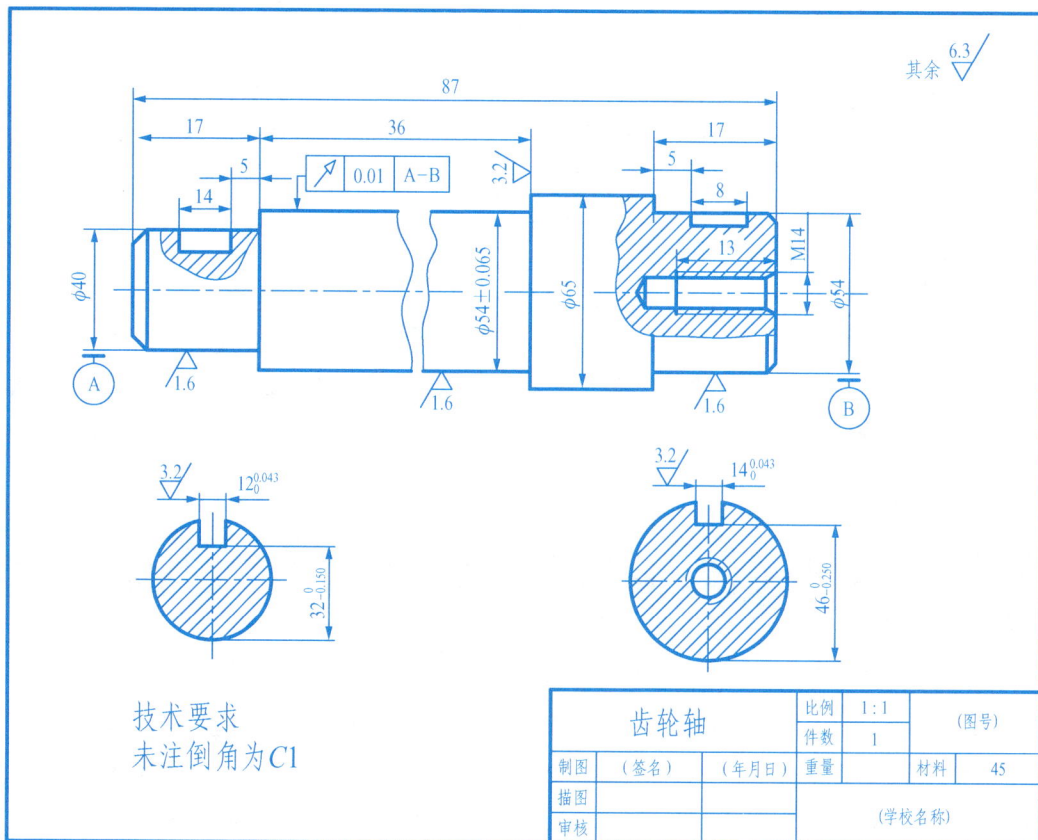

其余 6.3

技术要求
未注倒角为C1

齿轮轴	比例	1:1	(图号)
	件数	1	
制图	(签名)	(年月日)	重量		材料	45
描图						
审核			(学校名称)			

读懂零件图并回答问题：

(1) 该零件的名称是_____，材料是_____，比例_____。

(2) 该零件共用了____个图形来表达，主视图中共有两处用了_____图表达，并采用了_____画法，另两个图形采用的表达方法是_____。

(3) 在轴的右端有一个____孔，其大径是_____，旋向是_____。

(4) 在轴的左端有一个键槽，其长度是_____，宽度是_____，深度是_____，定位尺寸是_____，键槽两侧面的表面粗糙度是_____。

(5) 尺寸 $\phi54 \pm 0.065$ 的基本尺寸是_____，最大极限尺寸是_____，最小极限尺寸是_____，上偏差是_____，下偏差是_____，尺寸公差是_____。

(6) 图中未注倒角的尺寸是_____，未注表面粗糙度符号的表面，其 Ra 值是____。

读懂零件图并回答问题。

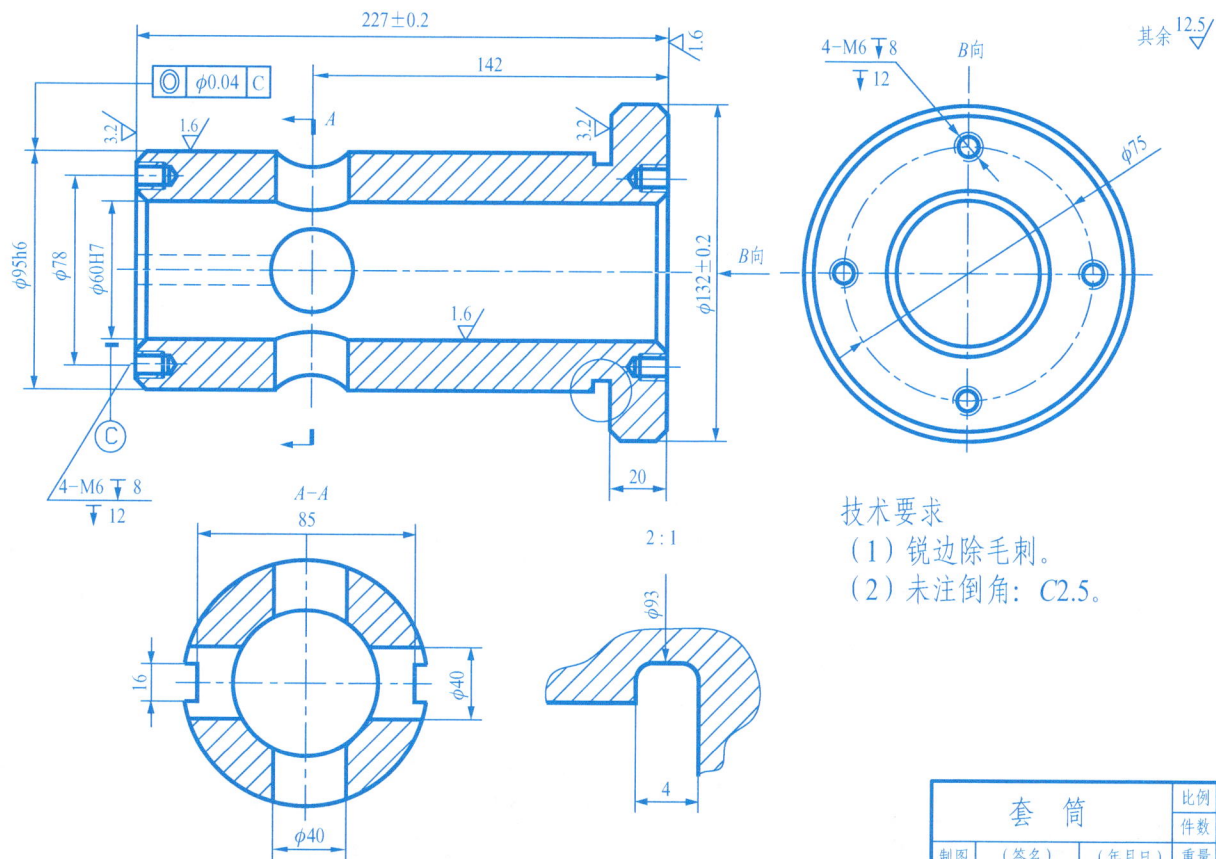

227±0.2

142

$\odot$ | $\phi0.04$ | C

其余 12.5

4-M6 ▽ 8
▽ 12

B向

3.2 1.6

3.2

A

$\phi75$

$\phi95h6$ $\phi78$ $\phi60H7$

$\phi132\pm0.2$

B向

1.6

1.6

C

4-M6 ▽ 8
▽ 12

20

A-A

85

16 $\phi40$

$\phi40$

2:1

$\phi93$

4

技术要求
（1）锐边除毛刺。
（2）未注倒角：C2.5。

套 筒	比例	1:3	（图号）
	件数	1	
制图	（签名）	（年月日）	重量		材料	25G2MVA
描图				(学校名称)
审核				

7.2 零件图

一、识读 P141 套筒零件图，并回答下列问题：

(1) 零件的名称＿＿＿＿＿；材料＿＿＿＿＿；比例＿＿＿＿＿，属于＿＿＿＿＿类零件。

(2) 零件图采用了＿＿＿＿＿个视图表达，其中主视图为＿＿＿＿＿剖视图；且主视图是按＿＿＿＿＿＿＿＿位置来放置。B 向为
＿＿＿＿＿视图；$A-A$ 为＿＿＿＿＿断面图；$A-A$ 的箭头能否省略？＿＿＿＿＿。2：1 为＿＿＿＿＿图。

(3) 螺孔 "4－M6▼8" 采用了＿＿＿＿＿注法，表示 M6 的螺孔共有＿＿＿＿＿个；M6 的含义为＿＿＿＿＿＿＿＿＿＿＿＿＿＿＿＿＿＿＿。

(4) 零件长度方向的尺寸基准为＿＿＿＿＿端面；径向的尺寸基准为＿＿＿＿＿。

(5) 图中 $\phi60H7$ 的基本尺寸为＿＿＿＿＿；基本偏差代号为＿＿＿＿＿；公差等级为＿＿＿＿＿。

(6) 图中要求最高的表面粗糙度的 R_a 为＿＿＿＿＿；共有＿＿＿＿＿处。

(7) 图中 ◎ $\phi0.04$ C 的被测要素是＿＿＿＿＿＿＿＿＿＿＿＿；基准要素是＿＿＿＿＿＿＿＿＿＿＿＿；公差项目是
＿＿＿＿＿；公差值是＿＿＿＿＿。

二、用 A4 图幅抄画 P141 套筒零件图，比例 1：1.5。

三、识读 P143 端盖零件图，并回答下列问题：

(1) 零件的主视图是＿＿＿＿＿剖视图。采用的是＿＿＿＿＿的剖切平面。

(2) 零件的长度方向尺寸的主要基准在＿＿＿＿＿侧，是长度为＿＿＿＿＿圆柱体的＿＿＿＿＿端面。

(3) 零件上有＿＿＿＿＿处形位公差，它们的名称是＿＿＿＿＿度和＿＿＿＿＿度，基准是＿＿＿＿＿＿＿＿＿＿。

(4) 该零件左端面凸缘有＿＿＿＿＿个螺孔，公称直径是＿＿＿＿＿，螺纹长度是＿＿＿＿＿。

(5) 该零件左端面有＿＿＿＿＿个沉孔，尺寸是＿＿＿＿＿。

7.2 零件图（读懂零件图并回答问题。）

看端盖零件图，要求：看懂零件图，想象该零件的结构形状，完成填空题并画出右视图。

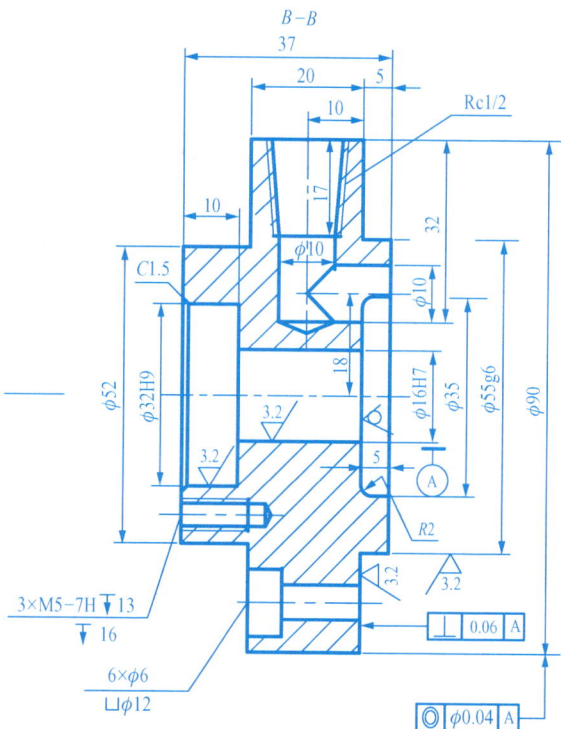

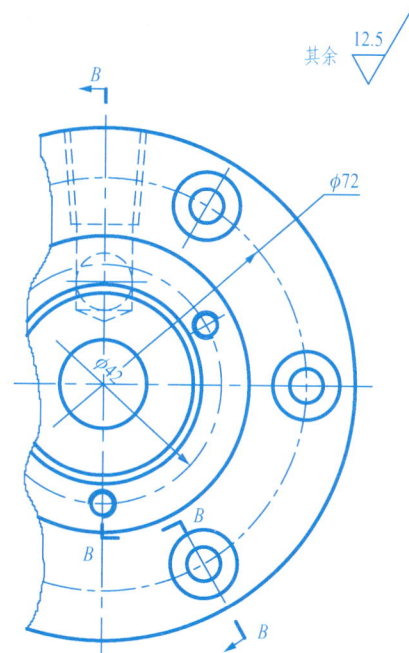

技术要求

(1) 铸件不得有沙眼、裂纹。

(2) 锐边倒角 C1。

(3) 全部螺纹均有 C1.5 的倒角。

(4) 铸件应作时效处理。

端　盖		比例		13-103
		件数	1	
制图	（签名）	（年月日）	重量	材料	HT150
描图				
审核			（学校名称）	

技术要求
未注圆角R3

泵 体			比例	1:1.5	(图号)
			件数	1	
制图	(签名)	(年月日)	重量		材料	HT200
描图					
审核			(学校名称)		

图样中的主要尺寸与标注：

- 38
- 30
- 16
- 15
- 14
- ⌀82
- ⌀60H7
- ⌀78
- 1×45°
- 3.2
- 12.5
- ⌀15H7
- ⌀22
- ⌀38
- 5
- 30°
- K
- 1.6
- 3.2
- 5
- 12.5
- 38
- 68
- C-C
- ⌀0.02 A
- ⌀0.02 A
- ⌀0.02 B
- A
- B

- 86
- 6-M6 ▼14
- 12.5
- ⌀70
- ⌀20
- G1/8
- ⌀3削孔与零件1同钻铰
- 50 0/-0.100
- 10
- ⌀20
- 12.5
- 2
- 25
- ⌀9
- 96
- 12.5
- C
- C
- K
- 其余 ✓

- 49
- 14
- (10)
- 50
- K向
- ⌀30
- 3-M4 ▼10

7.2 零件图

一、读泵体零件图并回答问题：

(1) 泵体共用了_____个图形表达，主视作了_____剖视，左视图上有_____处作了_____剖视，$C-C$ 称为_____图，K 向称为_____图。

(2) 泵体长方形底板的定形尺寸是_____，底板上两沉孔的定位尺寸是_____。

(3) 左视图中最大粗实线圆的直径是_____，与其同心的最小粗实线圆的直径是_____。K 向视图中三个同心粗实线圆的直径分别是_____、_____、_____。

(4) 泵体上共有大小不同的螺纹孔_____个，它们的螺纹标记分别是_____、_____、_____。

(5) 解释 $\phi 60H7$ 的含义：_____。

(6) 解释 G1/8 的含义：_____。

(7) 解释符号 ⊥ 0.02 A 的含义：_____。

(8) $\phi 15H7$ 内孔表面的表面粗糙度要求是_____，$\phi 38$ 外圆表面的粗糙度代号是_____。

二、用 A3 图幅抄画泵体零件图，比例 2：1。

7.3 装配图（读装配图回答问题。）

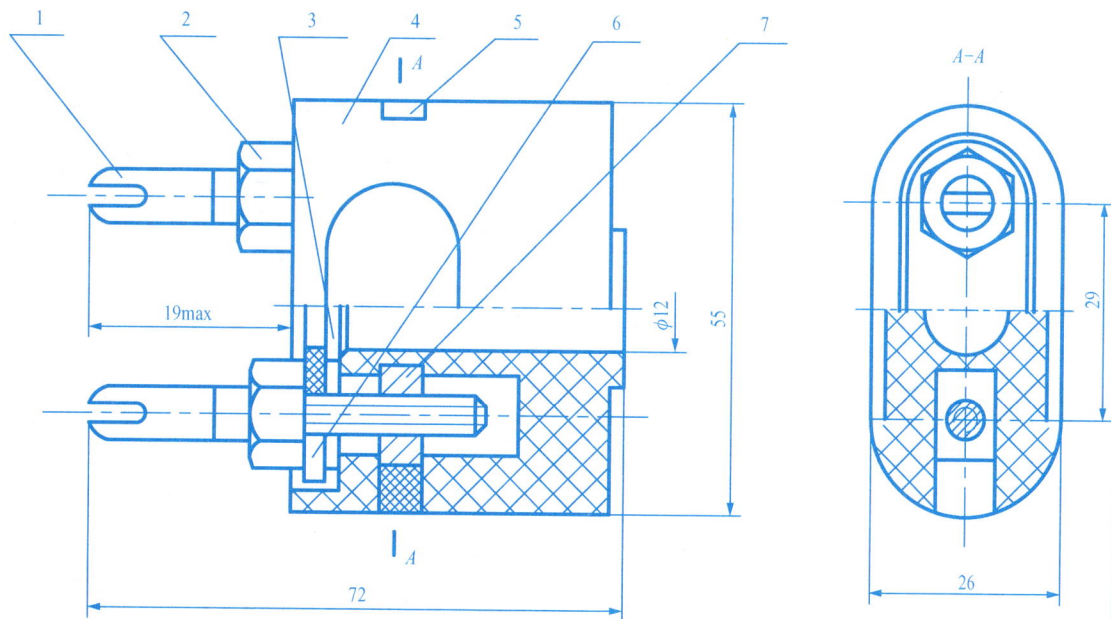

7	方螺母	2	A3	
6	衬垫	1	胶纸板	
5	填料		环氧树脂	
4	壳体	1	胶木粉	
3	垫圈	2	H62	GB97-76
2	螺母	2	H62	GB97-76
1	接触销	2	H62	
序号	名称	件数	材料	备注

双极插头	比例	1:1	(图号)
	件数	1	

制图	（签名）	（年月日）	重量	共 张 第 张
描图				
审核			(学校名称)	

回答问题:

(1) 装配体共由几种零件组成，其中标准件有几种?

(2) 装配体由几个图形表达? 主视图采用什么表达方法? A—A 左视图采用了什么表达方法?

(3) 装配体的总体尺寸是多少? 两个接触销之间的距离是多少?

(4) 画出零件4壳体的零件图。

班级　　　　　　学号　　　　　　姓名　　　　　146

7.3 装配图（读装配图回答问题。）

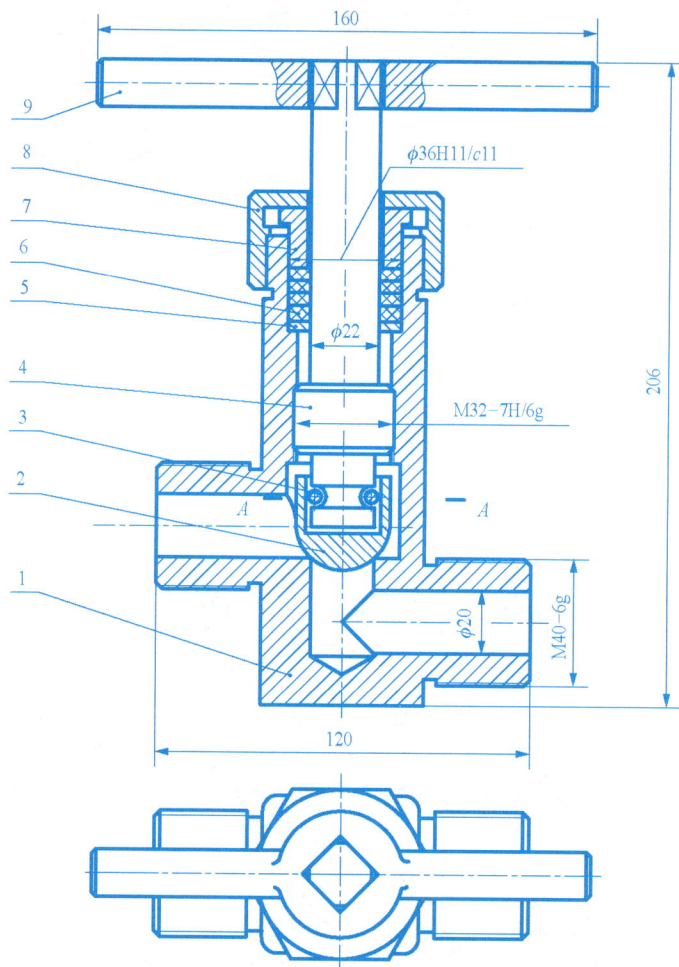

工作原理

转动手柄使轴 4 升降，带动阀芯 2 打开或关闭阀口。连接阀芯与轴的圆柱销 3，处于轴的环形槽中，当拧紧阀门时，阀芯不会转动。

φ36H11/c11

φ22

M32-7H/6g

M40-6g

φ20

φ4 A-A

18

160

206

120

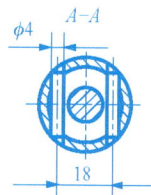

9	手 柄	1	HT200	
8	压盖螺母	1	HT200	GB/T6170
7	压 盖	1	HT200	
6	填 料	1	石棉绳	
5	垫 圈	1	Q235A	GB/T97
4	阀 杆	1	45	
3	圆柱销	2	45	GB/T119.1
2	阀 芯	1	45	
1	阀 体	1	HT200	
序号	名 称	件数	材料	备 注

阀 门	比例	1：3	（图号）
	件数	1	
制图	(签名)	(年月日)	重量		共 张 第 张
描图				
审核			(学校名称)	

班级　　　　　学号　　　　　姓名　　　147

7.3 装配图

一、识读阀门装配图并回答问题：

(1) 阀门由_____种共_____个零件组成，其中标准件有_____个。

(2) 阀门用了_____个图形表达，其中主视图采用了_____和_____的表达方法，$A-A$ 为_____，主要表达_____。

(3) 尺寸 $\phi 36H11/c11$ 是_____尺寸，基本尺_____，孔的标准公差等级是_____，轴的标准公差等级是_____，表示其配合为_____制的_____配合。

(4) 解释 M32-7H/6g 的含义：_____

_____。

(5) 阀门的总长为_____；总宽为_____；总高为_____；$\phi 20$ 是_____尺寸。

(6) 简要说明零件 2 阀芯的拆卸顺序。

二、识读阀门装配图并拆画阀体零件草图。

7.3 装配图

根据千斤顶的装配示意图和零件图，拼画装配图。

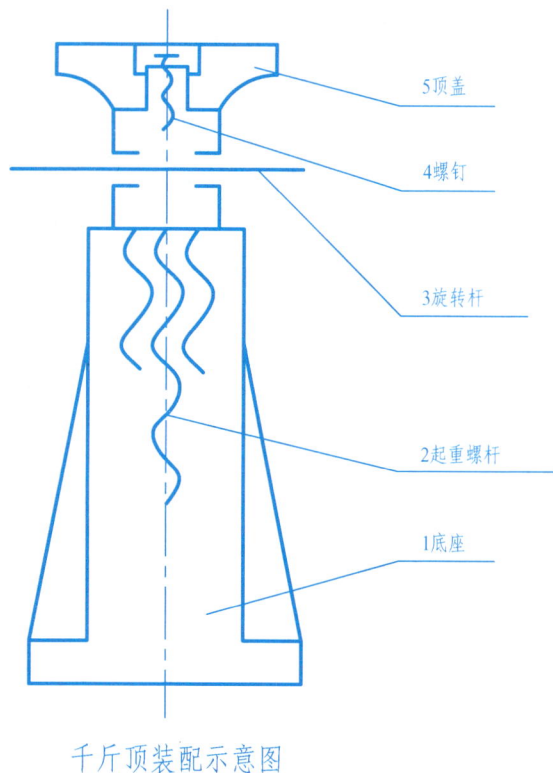

千斤顶装配示意图

5顶盖
4螺钉
3旋转杆
2起重螺杆
1底座

工作原理

千斤顶是顶起重物的部件。使用时，须按逆时针方向转动旋转杆3。使起重螺杆向上升起，通过顶盖5将重物顶起。

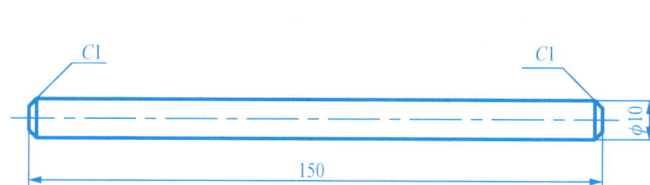

6.3

C1   C1

φ10

150

旋转杆		比例	1:2	0 3
		件数	1	
制图	（签名）	（年月日）	重量	材料	45
描图					
审核			（学校名称）		

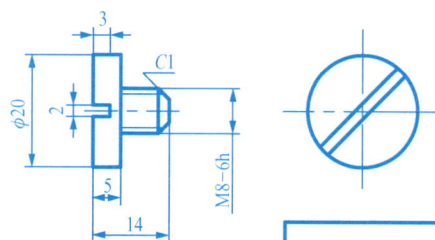

3.2

3
C1
φ20
2
5
14
M8-6h

螺　钉		比例	1:2	0 4
		件数	1	
制图	（签名）	（年月日）	重量	材料	30
描图					
审核			（学校名称）		

7.3 装配图

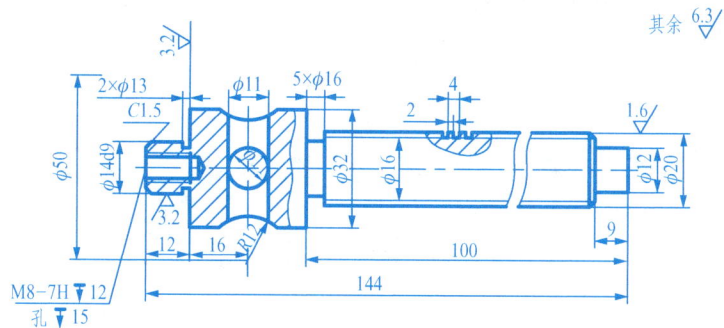

其余 6.3/

起重螺杆		比例	1 : 2	0 2
		件数	1	
制图	（签名） （年月日）	重量		材料	45
描图				
审核		（学校名称）		

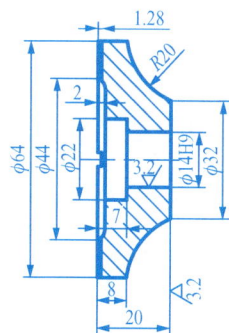

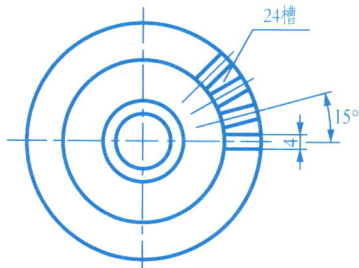

其余 6.3/

顶 盖		比例	1 : 2	0 5
		件数	1	
制图	（签名） （年月日）	重量		材料	45
描图				
审核		（学校名称）		

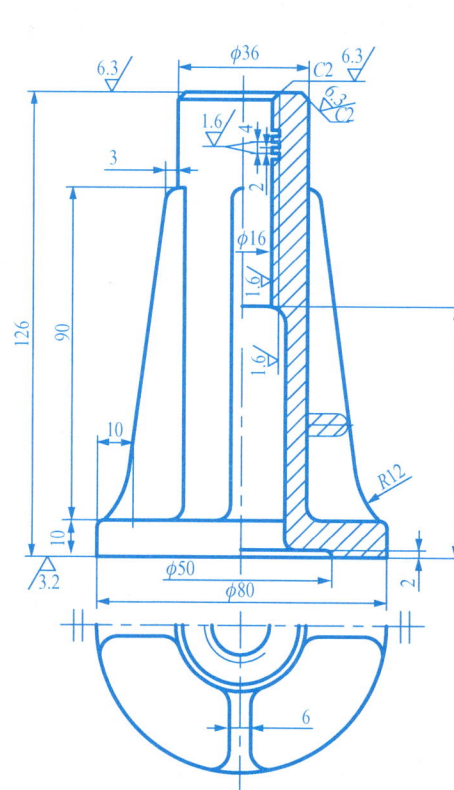

其余 ∀/

底 座		比例	1 : 2	0 1
		件数	1	
制图	（签名） （年月日）	重量		材料	HT300
描图				
审核		（学校名称）		

第八章　电气工程图

作业指导

一、本章应掌握知识点

(1) 了解电气工程图的特点、构成及分类。

(2) 掌握电气符号标注的基本规则，了解一般电子元器件的作用，能够识别常用的电气符号。

(3) 了解电气工程图的表达方法。

(4) 了解识读电气工程图的基本方法、步骤。

二、作图思路与要领

几种常用电气工程图的表达特点：

1. 电气系统图和框图

系统图是一种简图，由符号或带注释的框绘制而成，用来概略表示系统、分系统、成套装置或设备的基本组成、相互关系及其主要特征。为进一步编制详细的技术文件提供依据，供操作和维修时参考。系统图在电气图形文件中处于较高的层次，它是绘制较其层次低的其他各种电气图的依据。

系统图对布图有很高的要求，强调布局清晰，以利于识别过程和信息的流向。一般基本的流向应该是自左向右或自上而下，用来表示项目的图形符号（包括方框符号）要易于区分辨认，必要时每个图形符号应标注项目代号。只有在特殊的情况下才能例外。

2. 电路图

电路图的布图应突出其功能的组合和性能，侧重表达电气工程的逻辑关系，而不考虑其实际位置和实体尺寸形状。为安装和维修提供信息，并为编制接线文件提供必要信息。

电路图中将图形符号按工作顺序排列绘制，详细表示电路、设备或成套装置的全部基本组成部分的连接关系，同时各功能级可以用适当的方式加以区别，突出信息流及其各级之间的关系，元器件的画法应符合国家规范的规定。另外还应根据表达对象的需要，补充一些必要的技术资料和参数。

3. 接线图

接线图是用符号表示成套装置，设备或装置的内部、外部各种连接关系的一种简图，要便于安装接线及维护。接线图应采用位置布局法但并不需要按比例绘制，接线图中应包含识别每一连接的连接点以及所用导线或电缆的信息，每个端子都必须注出元件的端子代号，连接导线的两端子必须在项目中统一编号。接线图布图应大体按照各项目的相对位置进行布置，连接线可以用连续线方式画，也可以断线方式画出。

识别左方列出的元器件图形符号，并在右方加上文字符号后绘出。

标注图中各项目的项目代号，并回答问题：什么是项目？什么是项目代号？项目代号由哪些内容构造？

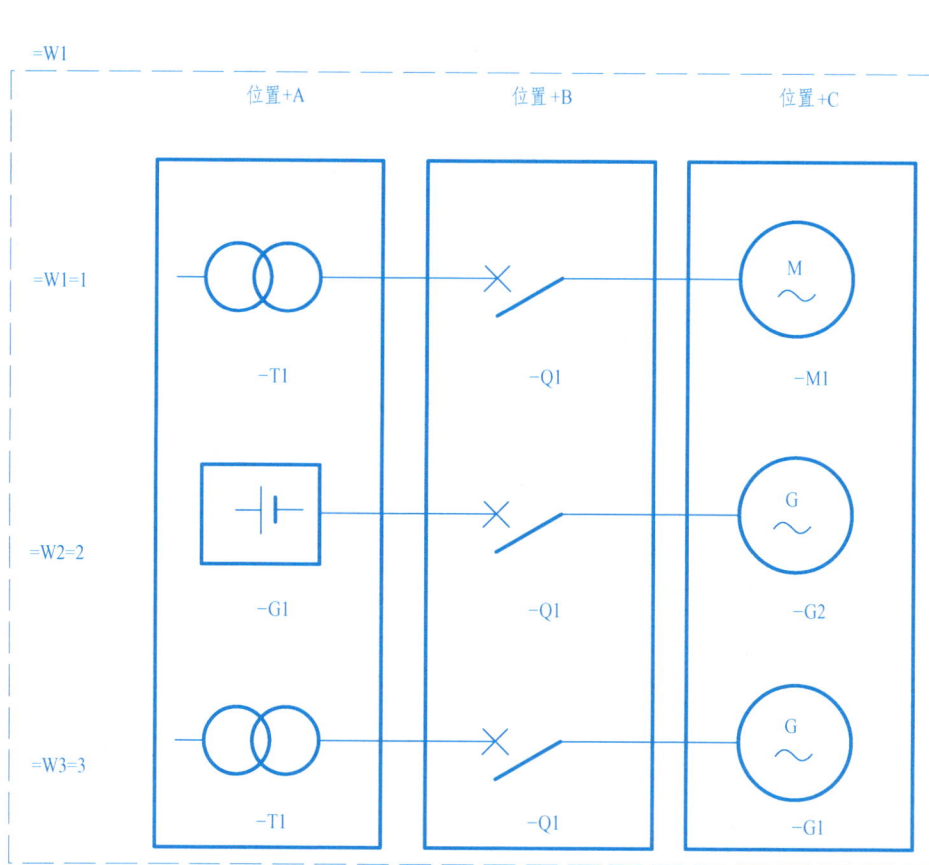

=W1

位置+A   位置+B   位置+C

=W1=1

−T1   −Q1   −M1

=W2=2

−G1   −Q1   −G2

=W3=3

−T1   −Q1   −G1

图中位置+A 包括的项目有：

图中单元=W1=3 包括的项目有：

图中系统=W 中包括哪些分系统

班级   学号   姓名   153

8.2 电气工程图的表达方法

1. 写出下列标记在图中的位置含义。

(1) C3

(2) 15/C3

(3) 图 4357/15/C3

(4) =S1/15/C3

2. 抄绘并理解教材中图 8 - 19 所示导线的一般画法。

什么叫相对编号法? 将下图改为用相对编号法表示的接线图。

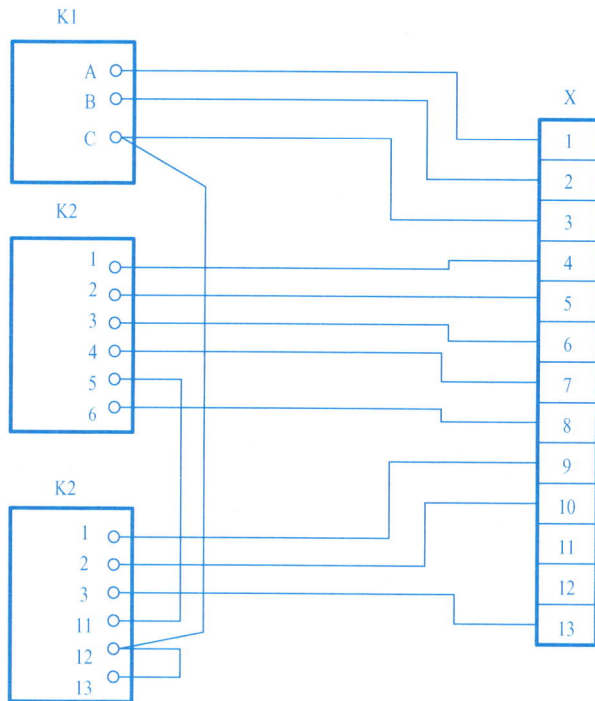

8.3　识读电气图的基本方法与步骤

识读教材图 8-27 所示电气主接线图，将图中涉及的图形符号和文字符号的含义在下面绘出，并加以理解。

8.3 识读电气图的基本方法与步骤

识读 35kV 变电所微机保护综合自动化系统图。

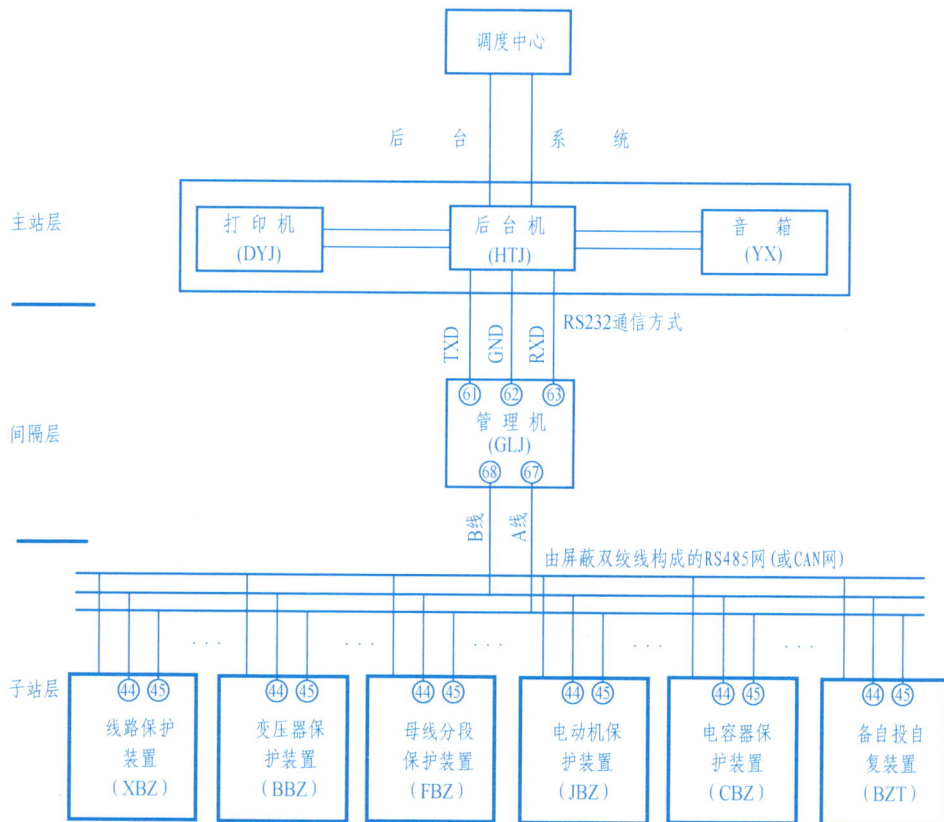

说明：

(1) 后台系统由后台机（工控微机）及其附属硬件设备（打印机、显示器、音箱等）和软件组成．系统功能设置详见厂家提供的样本。

(2) 各保护及自动装置根据工程的实际情况配置，本图仅为示意图。

(3) 图圈内端子编号分别参见各保护装置端子排图。

(4) 由管理机到后台系统采用 RS232 通信方式，连线可采用屏蔽双绞线，也可采用带九针插头的标准计算机用连接线。

(5) 后台系统管理机一般置于控制室内，各保护装置就地安装在开关柜上，若条件限制，后台系统和管理机可以直接设在开关室，也可以分开设置，即后台系统置于控制室，管理机置于开关室，当这样设置时，若管理机到后台系统的距离较远（超过 10m），二者之间应设置 MODEM（调制解调器）。

(6) 若使用 CAN 网管理机对应接至 70、71 端子。

8.3 识读电气图的基本方法与步骤

识读 35kV 变电所微机保护 MTPR—10H2 微机型变压器保护交流输入回路图。

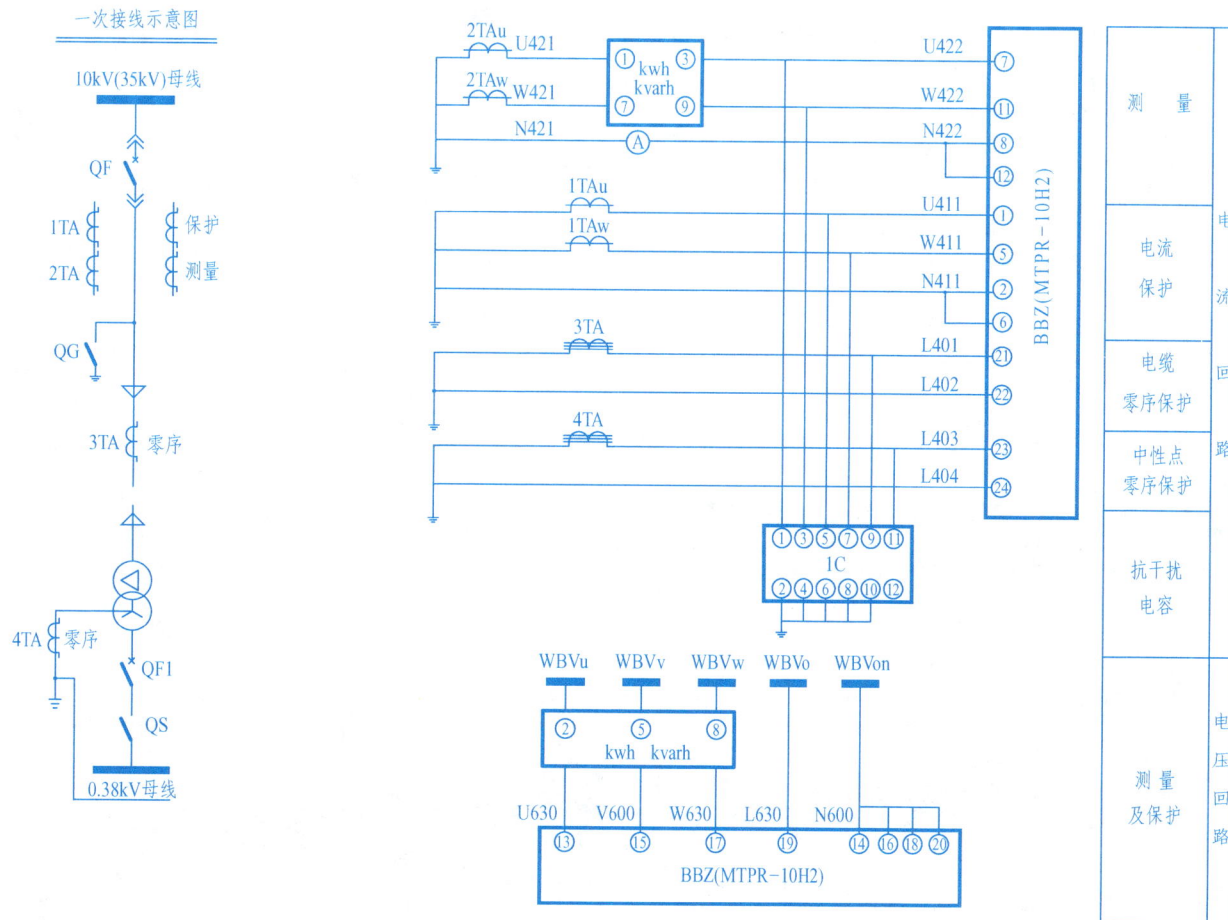

一次接线示意图

10kV(35kV)母线

QF

1TA
2TA
保护
测量

QG

3TA 零序

4TA 零序

QF1

QS

0.38kV母线

2TAu U421
2TAw W421
N421

① kwh ③
kvarh
⑦   ⑨
Ⓐ

U422 ⑦
W422 ⑪
N422 ⑧
      ⑫

1TAu
1TAw

U411 ①
W411 ⑤
N411 ②
      ⑥

3TA

L401 ㉑
L402 ㉒

4TA

L403 ㉓
L404 ㉔

BBZ(MTPR—10H2)

① ③ ⑤ ⑦ ⑨ ⑪
1C
② ④ ⑥ ⑧ ⑩ ⑫

WBVu WBVv WBVw WBVo WBVon

②   ⑤   ⑧
kwh kvarh

U630 V600 W630 L630 N600
⑬   ⑮   ⑰   ⑲   ⑭ ⑯ ⑱ ⑳
BBZ(MTPR—10H2)

测量

电流
保护

电缆
零序保护

中性点
零序保护

电流回路

抗干扰
电容

测量
及保护

电压回路

识读35kV变电所微机保护综合自动化系统图。

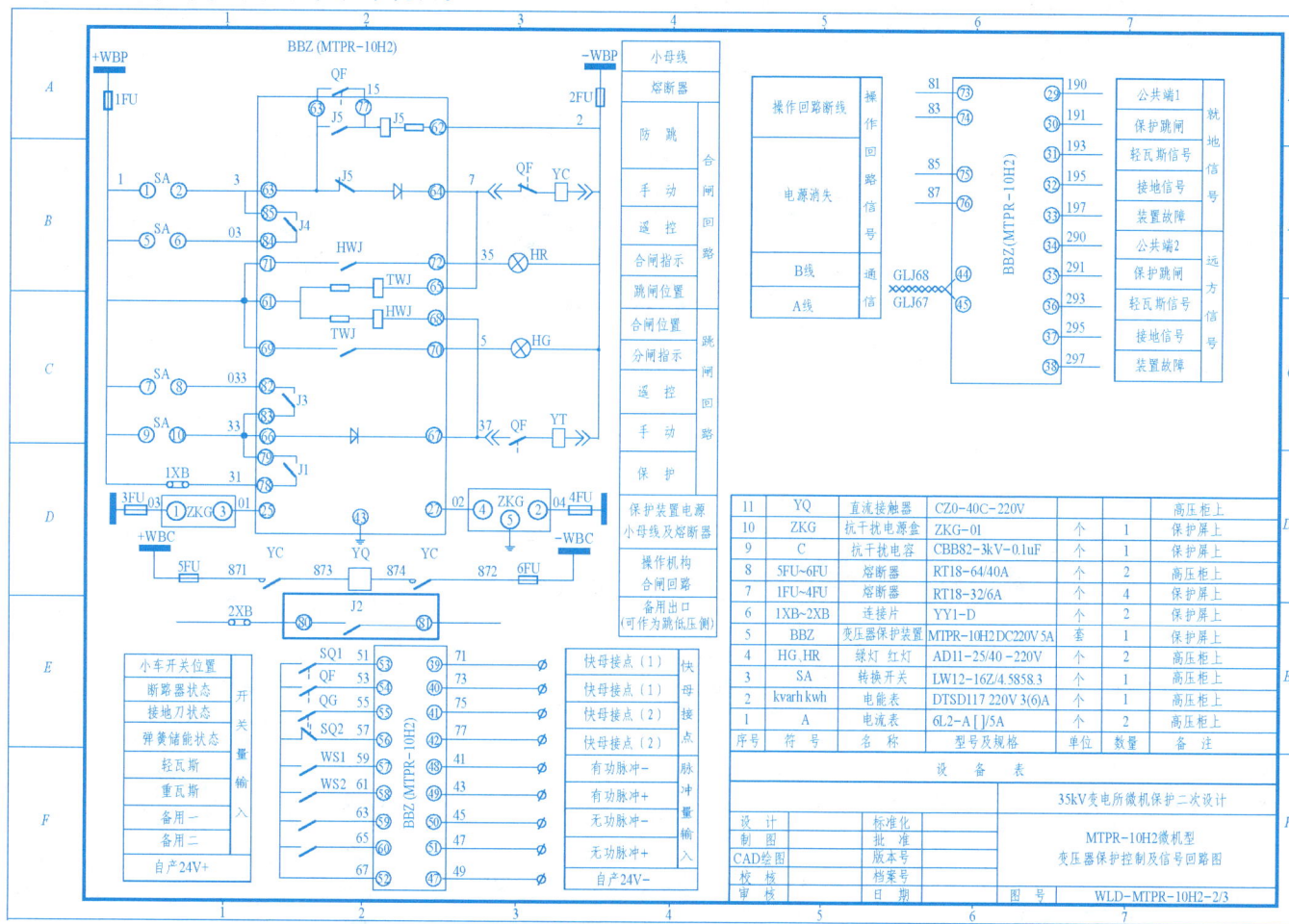

设备表

序号	符号	名称	型号及规格	单位	数量	备注
11	YQ	直流接触器	CZ0-40C-220V			高压柜上
10	ZKG	抗干扰电源盒	ZKG-01	个	1	保护屏上
9	C	抗干扰电容	CBB82-3kV-0.1uF	个	1	保护屏上
8	5FU~6FU	熔断器	RT18-64/40A	个	2	高压柜上
7	1FU~4FU	熔断器	RT18-32/6A	个	4	保护屏上
6	1XB~2XB	连接片	YY1-D			保护屏上
5	BBZ	变压器保护装置	MTPR-10H2 DC220V 5A	套	1	保护屏上
4	HG,HR	绿灯 红灯	AD11-25/40-220V	个	2	高压柜上
3	SA	转换开关	LW12-16Z/4.5858.3	个	1	高压柜上
2	kvarh kwh	电能表	DTSD117 220V 3(6)A	个	1	高压柜上
1	A	电流表	6L2-A[ ]/5A	个	2	高压柜上

35kV变电所微机保护二次设计

MTPR-10H2微机型
变压器保护控制及信号回路图

设计		标准化	
制图		批准	
CAD绘图		版本号	
校核		档案号	
审核		日期	图号 WLD-MTPR-10H2-2/3

8.4 用 AutoCAD 绘制电气工程图

在 A2 图幅中抄绘下列电气主接线图。

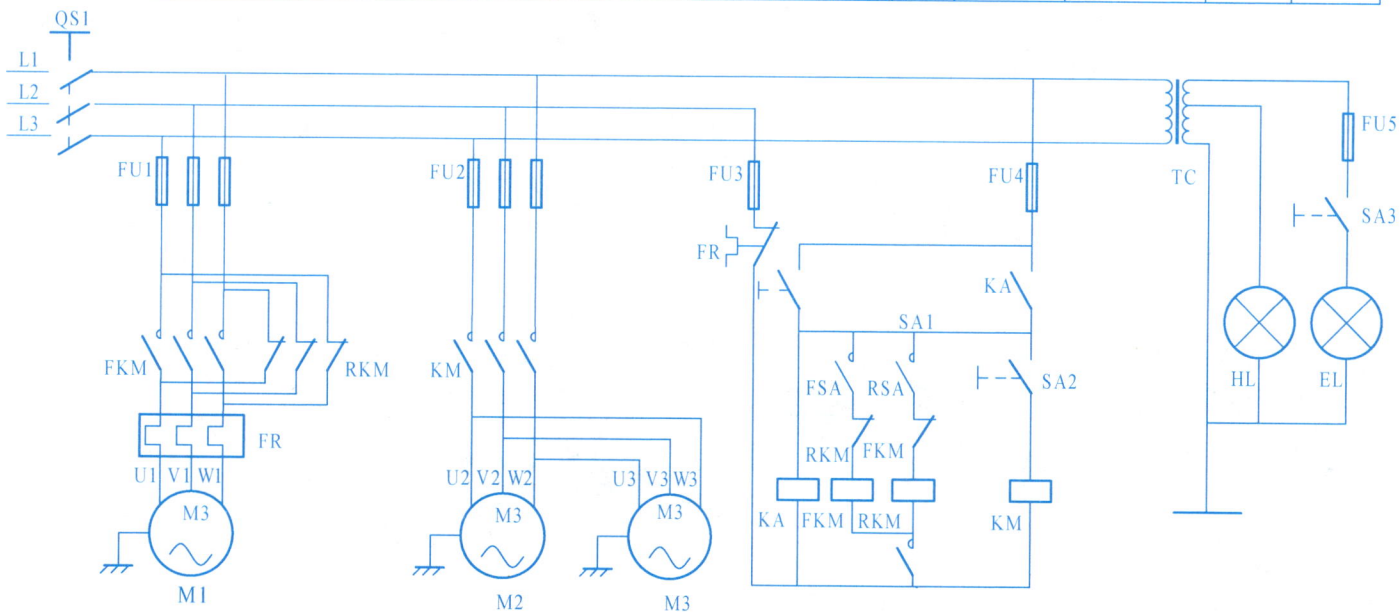

第九章　电力安装图

作业指导

一、本章知识点整合

(1) 了解房屋建筑图的表达方法和图示特点，能初步识读和绘制一般的房屋建筑图。

(2) 了解设备安装图的内容、作用和表达方式，能初步识读一般的设备安装图。

(3) 了解电力线路工程图的内容、作用和表达方式，能初步识读线路平面图。

(4) 能用 AutoCAD 绘制一般的电力安装图。

二、读图思路与要领

1. 阅读建筑电气安装平面图的方法和步骤

(1) 看技术说明。首先要看清图纸的技术说明，了解工程概况、设计意图以及工程的施工方法、要求。

(2) 参考电气系统图。电气系统图是用单线图表示电能或电信号按回路分配的图样，主要表示各个回路的名称、用途、容量以及各主要电气设备、开关元件及导线、电缆的规格型号等。通过识读电气系统图可以了解该系统的回路个数以及主要用电设备的容量、控制方式等。建筑电气工程图中系统图用得较多，动力、照明、变配电装置、通信、广播、电视、火灾报警、防盗保安、微机监控、自动化仪表等都要用到系统图。

(3) 了解电气施工图中建筑物的结构。建筑物的结构包括建筑物的门窗、梁柱、房间、楼梯等。

(4) 看主电路敷设路径。在电气施工图中，主电路通常用较粗实线表示，分支线路用细实线条表示，应了解电路敷设要求和做法。

(5) 看分支线的敷设路径。分支线有分支干线和分支线之分，一般分支干线均有导线条数和路径标志。而分支线则没有。

(6) 了解电气施工中的技术。识读电气图中的电气符号和标注了解电气设备的安装位置和安装方式，如明装、暗装，器具的安装高度等。

2. 设备安装图的识读方法与步骤

(1) 看标题栏，对设备安装图进行概括了解。了解设备的名称和大致用途，从明细表和图上的零件编号中，了解设备各组成部分的名称、数量、材料和它们所在的位置。

(2) 分析视图，了解表达方法及其作用。

(3) 分析安装设备的平面厂房。

(4) 分析各设备的安装位置、方位及连通情况，识读各设备的安装尺寸和技术要求。

(5) 进行总结，全面了解设备安装图。

9.1 建筑图概述

识读某变电站建筑施工图。

设计说明：

(1) 本建筑物采用现浇钢筋混凝土框架结构，泥浆护壁成孔灌注桩基础，楼（屋）面为现浇钢筋混凝土结构。

(2) 本建筑物填充墙：±0.000以下采用MU10实心砖、M7.5水泥砂浆砌筑；±0.000以上采用MU10多孔砖，M7.5混合砂浆。填充墙、构造柱及水平系梁的做法详见结构图纸和02G01—2图集。

(3) 框架梁板柱混凝土强度等级为C30，梁柱主筋HRB335，箍筋HPB235，其他材料见施工图纸中具体要求。

(4) 所有内墙阳角均作1:2水泥砂浆护角，其高度同门窗洞口高。

(5) 凡净宽大于240且未作说明的孔洞均作钢筋混凝土过梁，采用3ϕ10钢筋，C25混凝土，梁高150，梁宽同墙厚，箍筋采用ϕ6@200，支座支撑长度240。

(6) 电缆夹层地面施工应配合电缆桥架厂家进行桥架埋件的埋设工作。

(7) 在−0.06标高处做防潮层：1:2.5水泥砂浆加5%防水粉。

(8) 填充墙所有门、窗洞口的抱框做法：门抱框宽同墙厚，厚150，内配6ϕ12立筋，ϕ6@200箍筋；上过梁200高，下配3ϕ14，上配3ϕ10钢筋，ϕ6@150配筋，混凝土采用C20。当门窗、洞口过梁与框架梁或连梁部分重叠时，过梁与框架梁或连梁整体浇筑，施工时请注意。

(9) 埋管穿梁柱时，可在梁柱中预埋套⑭管d+10（d为⑫埋管直径），埋管、空洞位置由施工单位配合工艺图纸确定。

(10) 各专业设备管线，如穿钢筋混凝土楼板和墙身的需预埋管线，留孔留洞施工时请与电气、水工、暖通、通信各专业图纸核对，不得临时开凿，预留埋管所注直径均为内径，弯曲⑭半径R大于等⑫于10倍的管径。所有埋管均镀锌防腐。墙上留孔留洞为宽×高×厚（深）。

(11) 内外装修均应先做试样，征得业主同意后方可施工。

(12) 预留孔洞及埋管位置必须准确，不得遗漏，施工时请注意与各专业密切配合。

(13) 施工中应严格按国家或地区现行有关施工验收规程、规范进行施工验收。

(14) 本建筑物施工所需通用图集：《05系列建筑标准设计图集》05J、《02系列结构标准设计图集》02G。

(15) 所有门窗过梁均选自《02系列结构标准设计图集》02G05。

(16) 门窗统计表中窗参考图集《PVC塑钢门窗》05J4—1详图中窗做法。

(17) 图中所标注尺寸均为洞口尺寸，订货时请注意。所有门窗也可以根据业主要求市场购买。

(18) 继电器室设屏蔽网，做法详见结构图纸。

识读某变电站一层平面图。

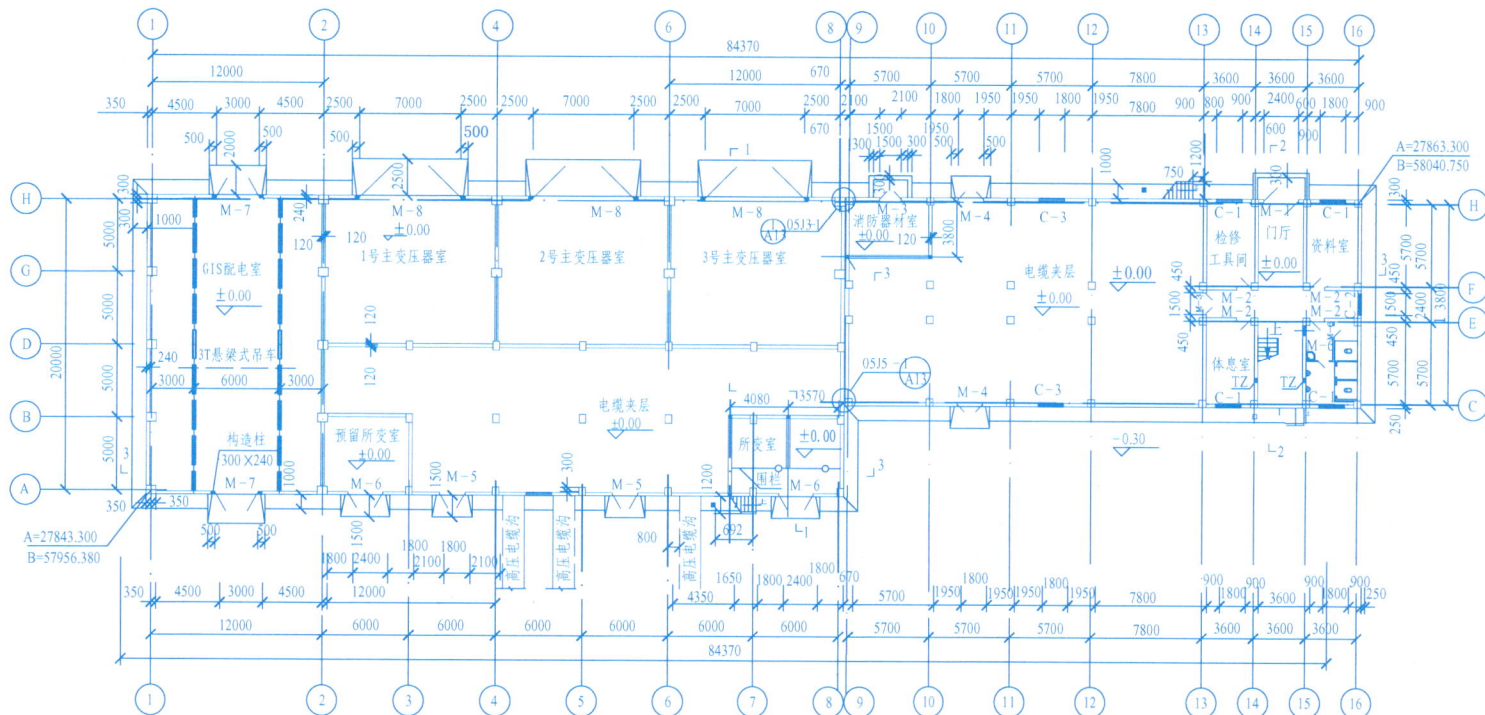

一层平面图1:200

北

说明：（1）图中未标注外墙厚度均为240mm，内墙厚度均为240mm。墙体采用多孔砖砌筑。

（2）图中绝对坐标采用京唐港坐标系统。

（3）坡道做法选用05J9-1 ②/59 ⑤/59；主入口台阶做法选用05J9-1 ①E/67；检修工具间台阶做法选用05J9-1 ①A/66

（4）所变室围栏选用图集J532《型钢隔断》，高度1.7m。

识读某变电站二层平面图

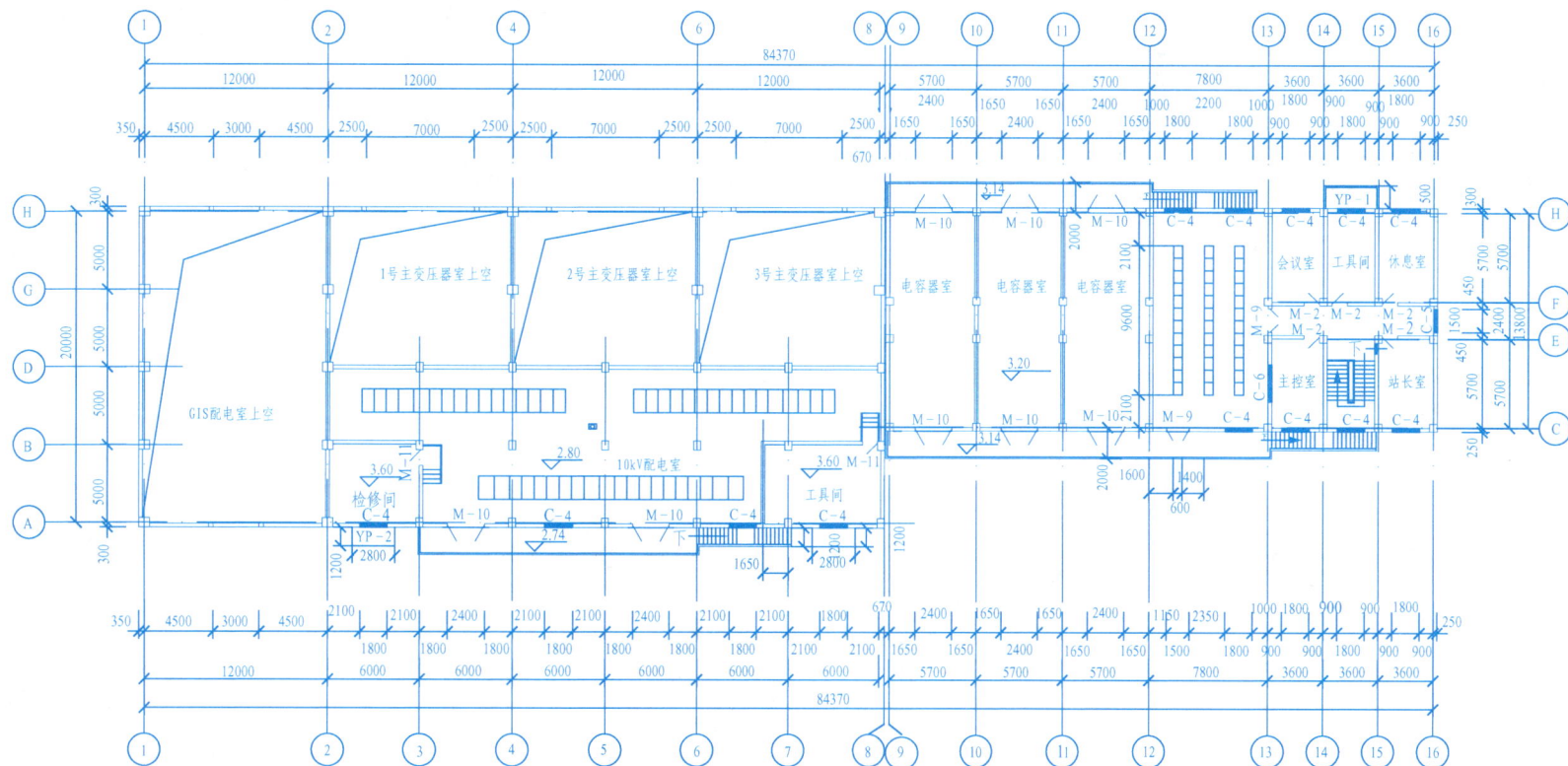

二层平面图1:200

说明：(1) 图中未标注外墙厚度均为240mm，内墙厚度均为240mm。墙体采用多孔砖砌筑。

(2) 图中构造柱未标注尺寸者均为240mm×300mm。

(3) 钢梯做法选用05J8 $\frac{二}{95}$，尺寸按本图修改。

9.1 建筑图概述

识读某变电站立面图。

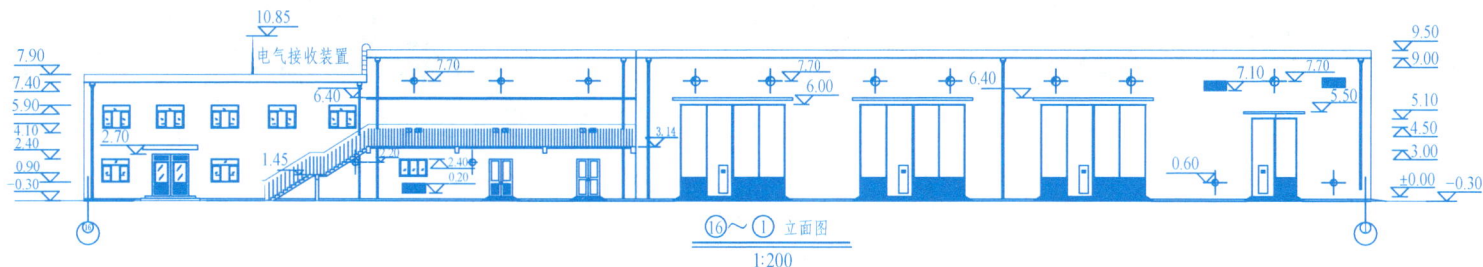

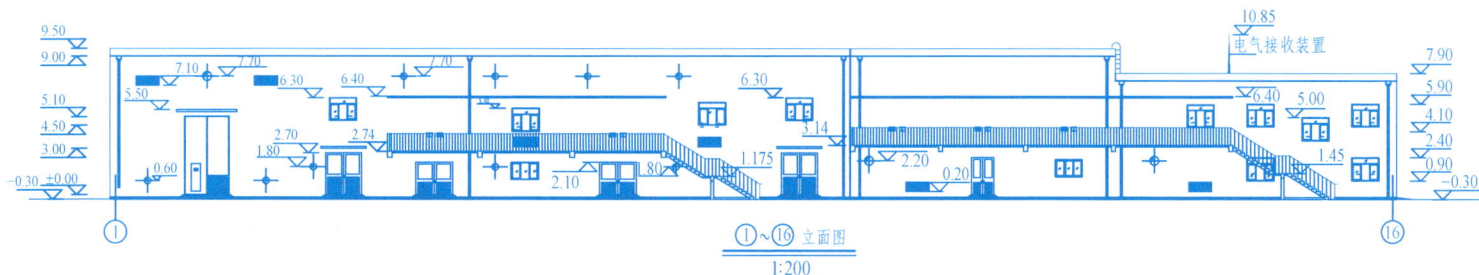

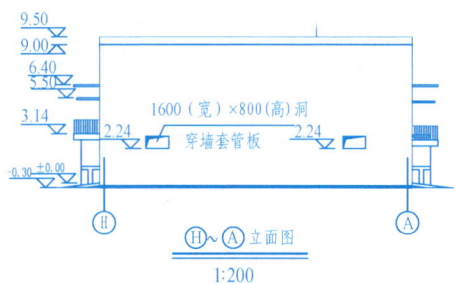

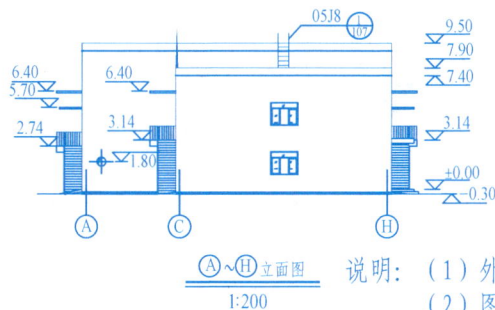

⑯～① 立面图
1:200

① ～ ⑯ 立面图
1:200

电气接收装置

1600（宽）×800（高）洞
穿墙套管板

Ⓗ～Ⓐ 立面图
1:200

05J8

Ⓐ～Ⓗ 立面图
1:200

说明：（1）外墙装修由业主确定。
（2）图中±0.000相当于绝对标高。
（3）风机洞口及百叶窗洞口尺寸及定位
见T0203-07、08图

9.1 建筑图概述

识读某变电站剖面图。

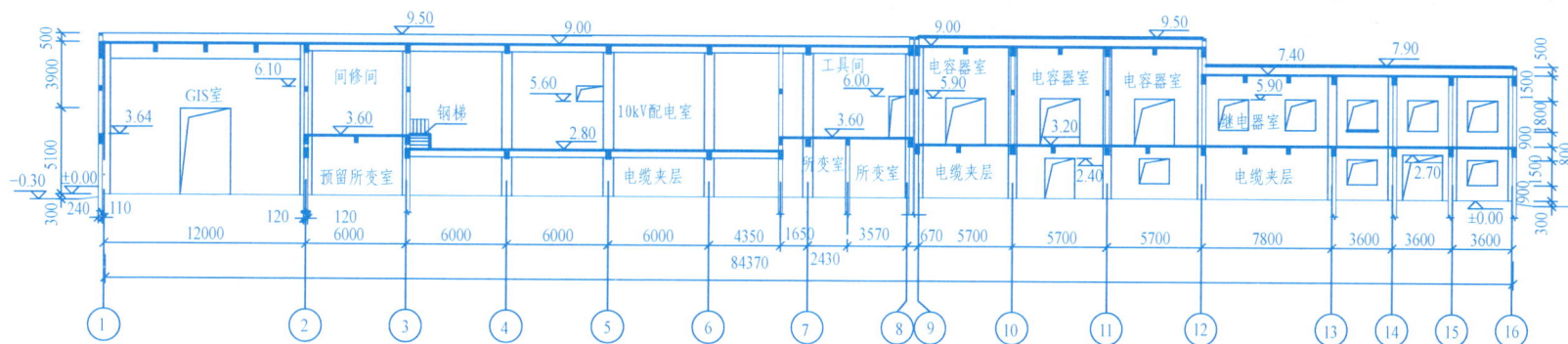

3-3剖面图
1:200

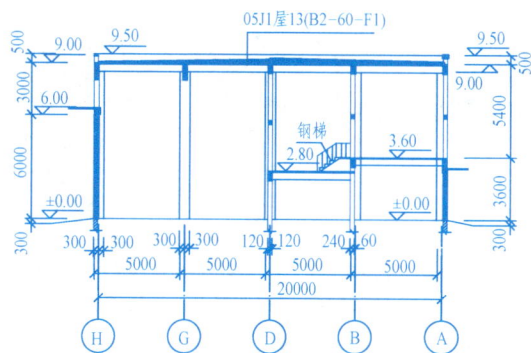

1-1剖面图
1:200

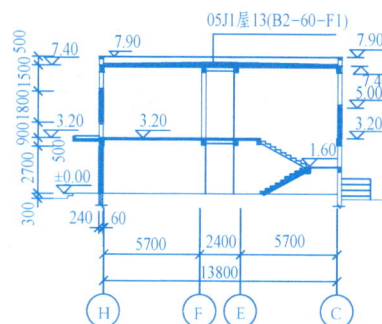

2-2剖面图
1:200

识读某宿舍电气施工图。

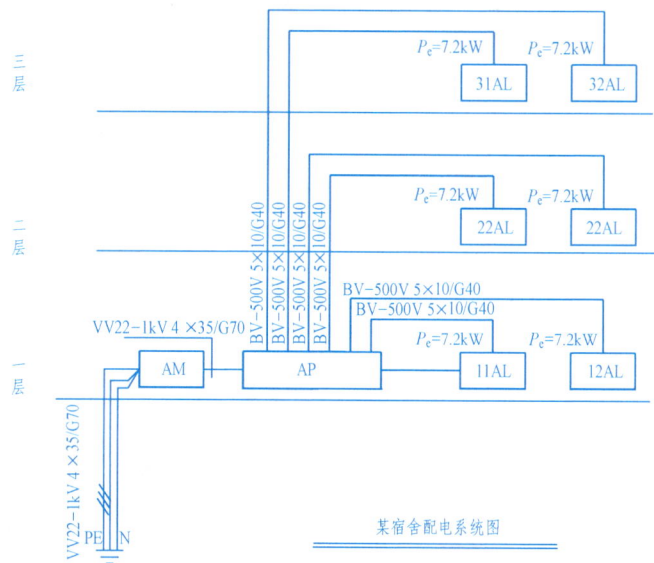

三层
$P_e=7.2\text{kW}$ | $P_e=7.2\text{kW}$
31AL | 32AL

二层
$P_e=7.2\text{kW}$ | $P_e=7.2\text{kW}$
22AL | 22AL

BV-500V 5×10/G40
BV-500V 5×10/G40
BV-500V 5×10/G40
BV-500V 5×10/G40

BV-500V 5×10/G40
BV-500V 5×10/G40

一层
VV22-1kV 4 ×35/G70
$P_e=7.2\text{kW}$ | $P_e=7.2\text{kW}$
AM | AP | 11AL | 12AL

VV22-1kV 4 ×35/G70
PE N

某宿舍配电系统图

低压总开关型号 DZ20Y-100/3300 100A	负荷名称	开关型号	相序
	照明配电箱11AL	TIB1-63/3P 40A	L1, L2, L3, N, PE
	照明配电箱12AL	TIB1-63/3P 40A	L1, L2, L3, N, PE
	照明配电箱21AL	TIB1-63/3P 40A	L1, L2, L3, N, PE
XL-12（改）	照明配电箱22AL	TIB1-63/3P 40A	L1, L2, L3, N, PE
	照明配电箱31AL	TIB1-63/3P 40A	L1, L2, L3, N, PE
PE	照明配电箱32AL	TIB1-63/3P 40A	L1, L2, L3, N, PE

电源箱AP配电系统图

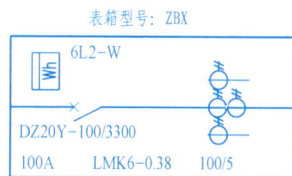

表箱型号：ZBX

6L2-W
Wh
DZ20Y-100/3300
100A   LMK6-0.38   100/5

电表箱系统图

9.2 建筑电气安装平面图

识读某宿舍首层照明平面图。

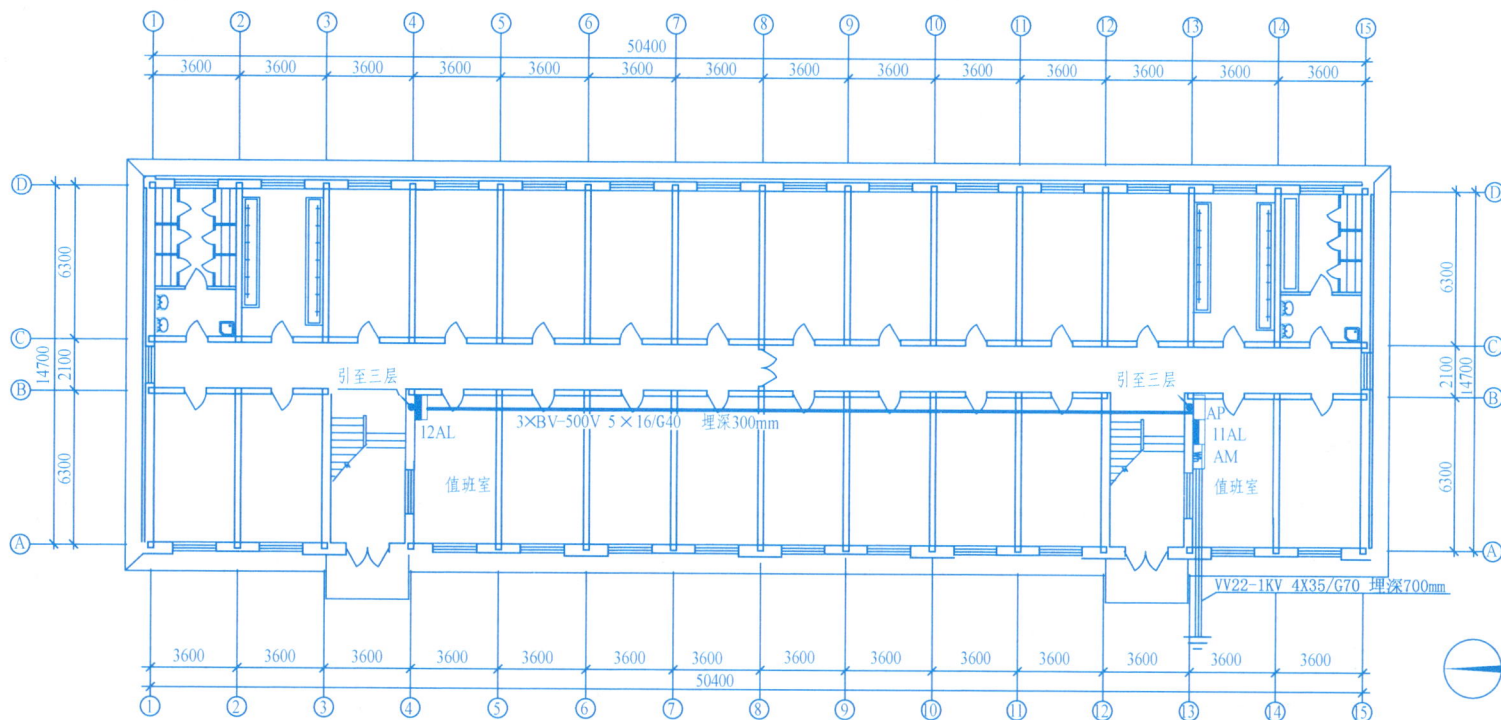

宿舍强电设备布置平面图

引至三层

12AL

3×BV-500V 5×16/G40 埋深300mm

值班室

引至三层

AP
11AL
AM

值班室

VV22-1KV 4X35/G70 埋深700mm

50400

3600 3600 3600 3600 3600 3600 3600 3600 3600 3600 3600 3600 3600 3600

XXXXXXX建筑设计研究院	证书编号	院 长	
	0612142	工程负责人	
工程名称 XXXXXXXXXXXX学校宿舍楼		审 定	
图 名 强电设备布置平面图		专业负责人	
		审 核	
比 例 1:100 图别/图号 电施修-3		校 对	
工 程 号 日 期		设计制图	

班级　　　　学号　　　　姓名　　　168

9.2 建筑电气安装平面图

识读某宿舍首层照明平面图

首层照明平面图

	负荷名称	容量	开关型号	相序
	事故照明	480W	TIB1-63/1P 10A	L1,N
VU16B	北侧插座	2000W	TIB1L-63/2P 16A	L2,N,PE
	南侧插座	2400W	TIB1L-63/2P 16A	L3,N,PE
	北侧照明	800W	TIB1-63/1P 10A	L1,N
PE	南侧照明	840W	TIB1-63/1P 10A	L1,N

TIB1-63/3P 40A

照明配电箱11AL配电系统图

	负荷名称	容量	开关型号	相序
VU16B	北侧插座	2000W	TIB1L-63/2P 16A	L1,N,PE
	南侧插座	2400W	TIB1L-63/2P 16A	L2,N,PE
	北侧照明	800W	TIB1-63/1P 10A	L3,N
PE	南侧照明	840W	TIB1-63/1P 10A	L3,N

TIB1-63/3P 40A

照明配电箱12AL配电系统图

序号符号	设备名称	型号规格	单位	数量	安装方式
8	事故照明灯	40W(带电池)	个	4	墙壁安装
7	双联暗装插座	250V 10A	个	88	墙壁暗装
6	暗装三极开关	250V 10A	个	2	墙壁暗装
5	暗装单极开关	250V 10A	个	2	墙壁暗装
4	暗装双极开关	250V 10A	个	26	墙壁暗装
3	球型灯	40W	个	16	吸顶
2	双管荧光灯	2×30W	个	44	吊杆
1	配电箱	见系统图	个	2	墙壁暗装

设备材料表

××××建筑设计研究院		证书编号	院 长
		0612142	
工程名称	×××××学校宿舍楼	工程负责人	审 定
图名	宿舍首层照明平面图	专业负责人	审 核
比例	1:100 图别/图号 建施修-4	设计	校对
工程号		日期	设计制图

9.3 设备安装图

识读某变电站建筑施工图。

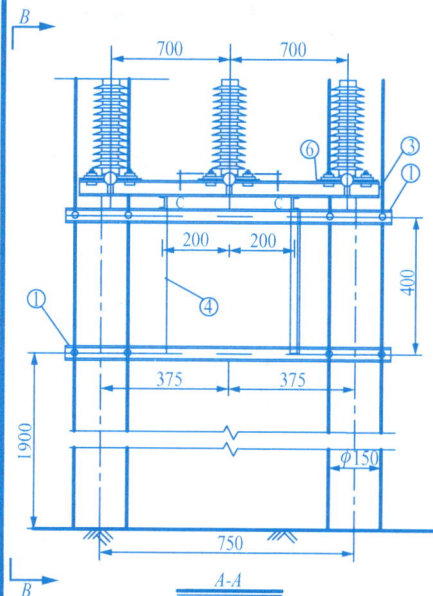

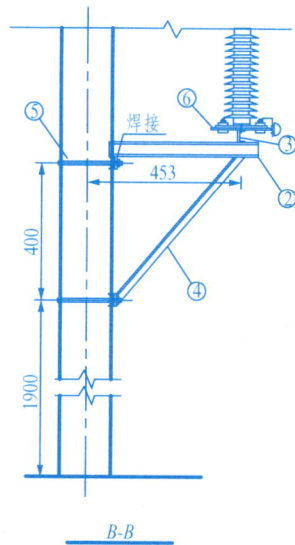

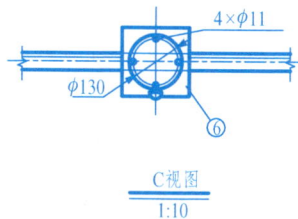

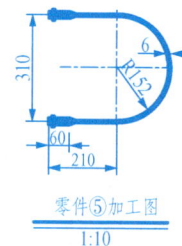

A-A

B-B

C视图
1:10

零件⑤加工图
1:10

零件①加工图
1:10

材料表

序号	名 称	型号及规格	单位	数量	备 注
1	槽钢	[8 L=1940	根	2	
2	槽钢	[8 L=870	根	2	
3	槽钢	[8 L=1640	根	1	
4	角钢	∠50×6 L=1160	根	2	
5	抱箍	M16 L=990	套	4	
6	钢板	200×200×8	块	3	
7	螺栓	M12 L=65	套	9	附垫圈螺帽

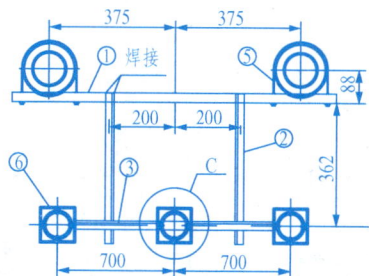

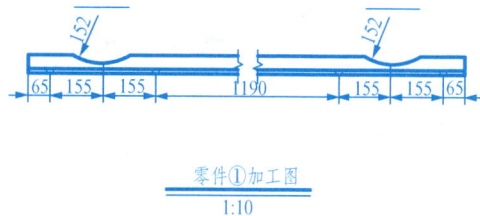

YH5WZ-51/134W型氧化锌避雷器
在GW4Ⅲ-40.5W隔离开关支架上安
装图

识读 Z1（150）—10m 直线杆组装图。

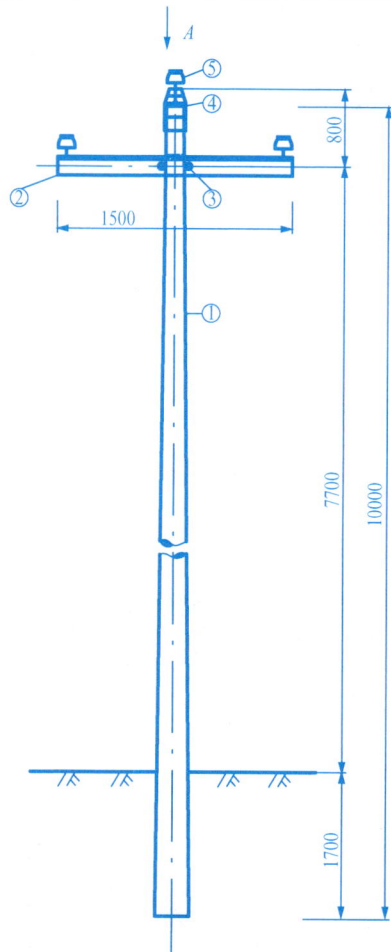

材料表						
序号	名称	规格（型号）	单位	数量	重量（kg）一件 小计	备注
1	水泥杆	10m	根	1		HD-PW1-079
2	横担		根	1		HD-PW1-080
3	U型抱箍	1号	副	1		HD-PW1-086
4	单针顶套		个	1		HD-PW3-009
5	针式绝缘子	P-15T	支	3		

说明：（1）根据导线、档距和土质条件，
　　　　　必要时可增设卡盘。
　　　（2）横担根据导线规格按图选用。

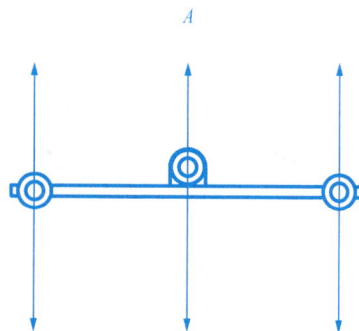

识读某建筑室外电力管网平面图。

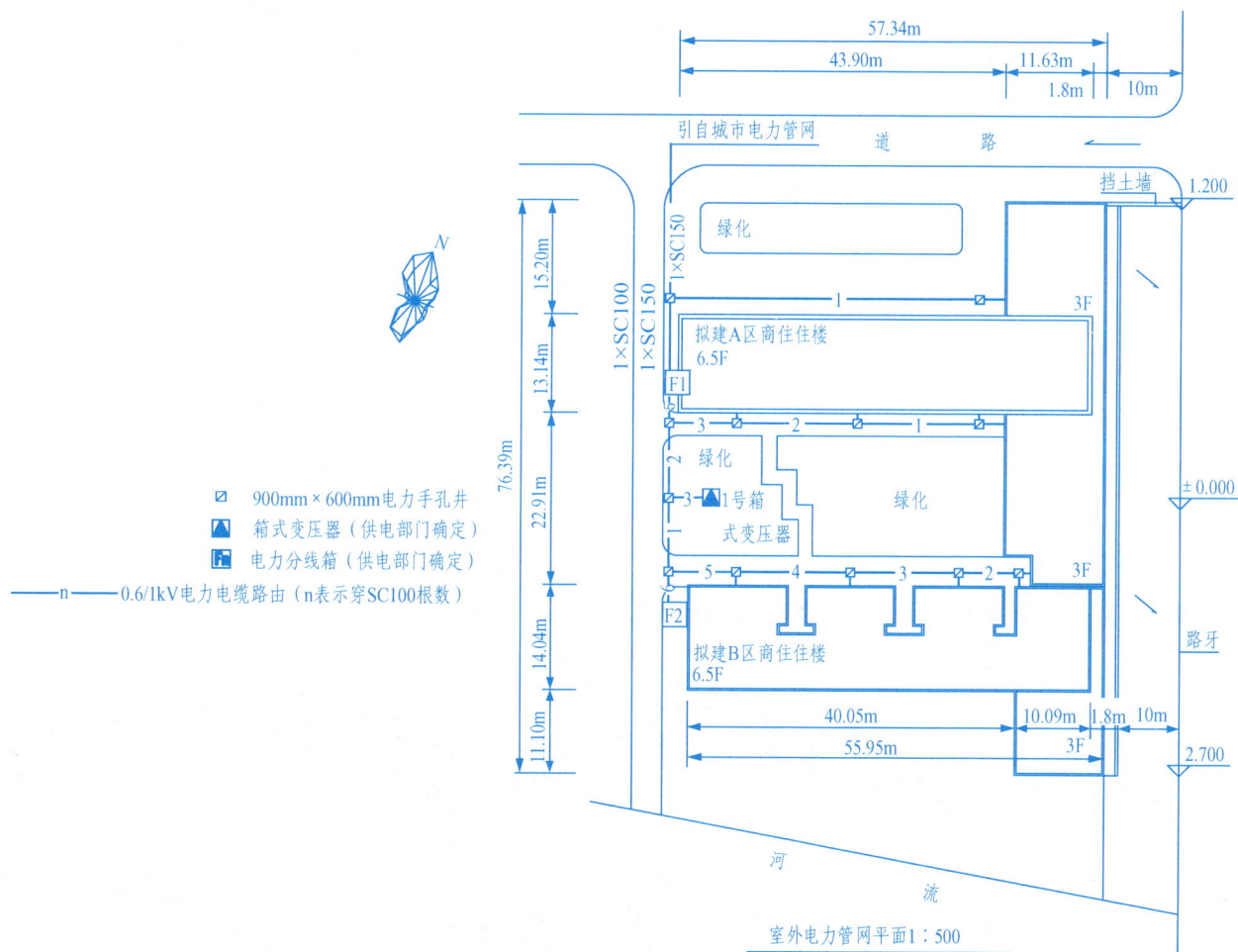

57.34m

43.90m

11.63m

1.8m

10m

引自城市电力管网　　道　　　路

挡土墙　1.200

绿化

$1 \times SC150$

N

15.20m

$1 \times SC150$

1

3F

13.14m

$1 \times SC100$

拟建A区商住住楼
6.5F

$1 \times SC150$

F1

76.39m

3　　2　　1

2

绿化

22.91m

3　▲1号箱

式变压器

绿化

☒　900mm×600mm电力手孔井

▲　箱式变压器（供电部门确定）

Ⅲ　电力分线箱（供电部门确定）

—n—0.6/1kV电力电缆路由（n表示穿SC100根数）

1

±0.000

5　　4　　3　　2　3F

14.04m

F2

拟建B区商住住楼
6.5F

路牙

40.05m

10.09m　1.8m　10m

55.95m

3F

2.700

11.10m

河　　流

室外电力管网平面1：500

9.4 电力线路工程图

识读某 220kV 输变电配套 110kV 线路工程平断面图并在右侧编制杆位明细表。

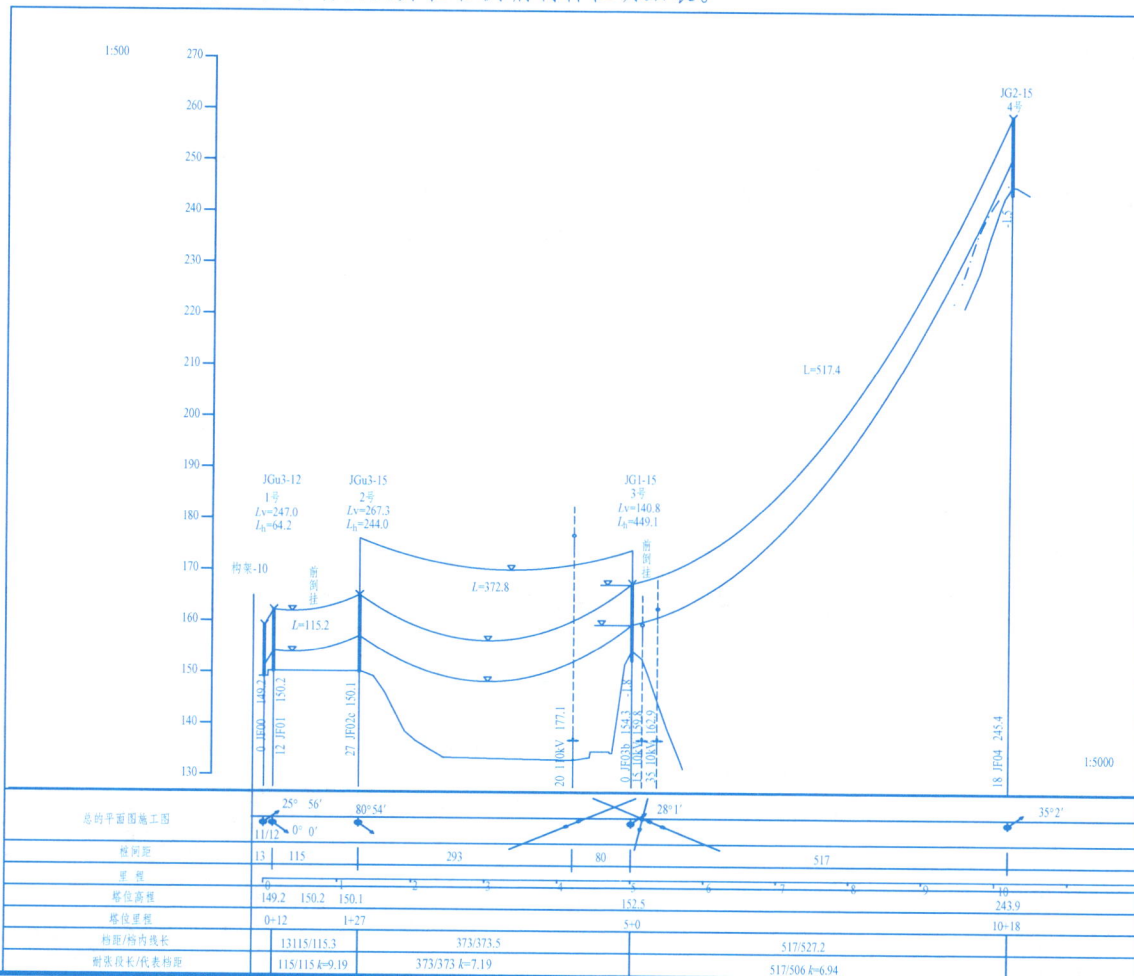